井上 典之 著

スポーツを法的
I

——日本のスポーツ

ナンス

信山社

はしがき

スポーツは世界の共通言語である、この言葉をしばしば耳にすることがあると思う。特に第三二回オリンピック・東京大会の開催決定以降、マスコミを通じてアスリートだけでなく、それが一般の我々にも届くようになっている。スポーツは、二〇一九年に日本で開催されたラグビー・ワールドカップや、その前年のサッカー・ワールドカップ・ロシア大会での日本代表の活躍もあって、またサッカー・ワールドカップと同年の冬に開催された冬季オリンピック・平昌大会での日本人選手の多くのメダル獲得で人々に大きな感動をもたらすことが再確認された。本書は、スポーツが、どうも経済活性化の手段にされているのではないか、本来、公平・公正を旨として人々に感動を与えるはずの「一定のルールに則って行われる人間の身体的・肉体的活動」としてのスポーツの本来の目的を、法的視点からとらえ直してみたものである。

まさにコロナ禍に揺れた東京オリンピックの取組は、その招致という最初の時点からスポーツの本来の姿からかけ離れていないかという点が出発点になる。本書は、それを、スポーツの法・ガバナンスの観点から検討した二〇一九年九月一八日の大阪弁護士会・スポーツ・エンターテイメント法研究会で行った研究報告の内容を下敷きにして、経済活動としてのプロ・スポーツの日本での代表格である野球とサッカーを追加した形で展開している。というのも、それは、まさに金儲けの手段ともなるプロ・スポーツの組織とアスリートの思惑の交錯点を明確に描き出すことができるのではないかという視点で、特に野球とサッカーの組織・ガバナンスの違いは、経済活動だけではなく本来のスポーツの姿の対比という点でも興味深いものがあるからである。なお、その違いの前提となる日本のJリーグのモデルとされたヨーロッパ・サッカーの法システムについては、本書の姉妹編となる『スポーツを法的に考えるⅡ――ヨーロッパ・サッカーとEU法』をお読みいただきたい。

以上のような内容に関して、本書第七章および第八章のプロ野球の歴史や仕組みについては、阪神タイガースの当時総務部長であった田付晃司氏、総務部の山田修嗣氏にお話をうかがい、第九章および第一〇章の日本のサッカーについては当時JFAの管理部長であった中村幸嗣氏、管理部法務・登録グループ係長の永井雅史氏のお話やいただいた資料がそれぞれベースになっている。さらに、本書刊行にあたっては、信山社・今井守氏には色々とお世話になった。特に当初は一冊での予定であったが、分量が増えたため日本とヨーロッパに分けて二分冊での刊行についての助言をいただき、またここに至るまで脱稿を辛抱強く待っていただいたことにはいくら感謝しても足らないほどである。さらに、本書執筆にあたってご助言をいただいた方々には、併せてこの場を借りて深く感謝の意を表する。

二〇二一年三月

桜花が開花し始めた神戸大学六甲台キャンパスにて

井上典之

目次

第三章 スポーツ法制度の整備とその実体

スポーツを法的に考えるI

——日本のスポーツと法・ガバナンス

序　スポーツと法

1　はじめに

スポーツと法

一見すると法の世界とは無縁のように思えるスポーツも、本書の続編となる『スポーツを法的に考えるII――ヨーロッパ・サッカーとEU法』で取り上げるようにヨーロッパ、特にEUでは法的事象として「スポーツ法」という分野を形成する対象になっている。日本でも、単なるエンターテイメントの混乱としてだけでなく、赤字球団の統廃合問題に端を発する二〇〇四年のプロ野球選手会によるストライキや、二〇〇五年シーズン終了後の親会社の株式保有を通じて子会社たる球団の株式公開等のコントロールを行おうとした出来事が、プロ・スポーツの法的問題を惹起するものとして話題になったことは、まだ記憶に残っているのではないだろうか。プロ・スポーツだけではなく、一般的な事象としてのスポーツそのものも、実は法の世界とは無縁ではない。近年では、二〇二〇年の東京オリンピック開催（二〇二一年への延期・開催の可否を含めて）をめぐり、様々な問題が世間の関心を集めていた。それらは、一体、どのような法的問題を提起するのだろうか。

そこで、日本におけるスポーツに関連する法制度やその下での団体・選手に対する規律を概観し、同時に文化的事象としてのスポーツに関していかなる法があるのか、日本において今後スポーツを法的検討の対象として取り上げるための、考え得る視点を導き出すことが必要になる。そのための準備作業として、まず以下でその前提となる事情を簡単に取り上げる。

2　スポーツの持つ二つの法的側面

考える視点

ルールという人間の行動を規律する規範に関連して、スポーツそのものには二つの側面がある。いうまでもなく、個人が余暇を楽しむために、あるいは健康を保持し、体を鍛えるためにウォーキングやジョギングをするという行為も一種のスポーツだとすれば、その前提としてどのような行為がウォーキングあるいはジョギングになるのか、という点での約束事が必要になる。いわゆる競技スポーツとしての競歩やマラソンとはどのように違うのかという比較を行えば、個人レベルでの運動と競技としてのスポーツとの違いは、それぞれの活動を定義づけるルールがそこには存在しなければならない。

スポーツ固有法

　これをもう少し詳述すると、以下のようになる。例えば、野球については、ストライクが三つになると打者はアウトになる、一人の選手が四つのベースを一周すると一点として得点になる、三つのアウトを取ると攻守交代が行われ、それぞれのチームが九回攻撃することで一試合を構成する、試合に出場している選手の人数は九人である、などといった競技ルールが決まっている。その点は、サッカーやラグビーなどの団体競技だけでなく、柔道、レスリング、剣道、空手、陸上種目、体操などの個人競技においても、それぞれの活動が何というスポーツ種目になるのかについての、それぞれの競技ルールが決まっているのである。この点でしばしば、スポーツとは、「一定のルールに則り行われる肉体的活動である」、といわれることになる。そして、ある肉体的活動をスポーツ競技として成り立たせているルール、すなわち、スポーツという肉体的活動そのものを内在的に規律する規範は、スポーツ固有法という名称で呼ぶことができる。

　肉体的活動がその固有法に基づいてスポーツ競技として行われるとすると、そこにゲームとして勝敗を競うという要素が発生する。近年では少なくなったといわれることがあるが、学校での運動会でも、かけっこで一等や二等、三等という形で順位が決められることがある。そのようなかけっこ（あるいは徒競走と呼ばれることもある）にも、順位を決めるための固有のルールがあるが、その順位を決め、確定するための組織も同時に存在しなければ、運動は単なる肉体的活動になるにすぎない。老若男女、だれもが楽しみを求め、健康づくりや社交の場といった身近な生活の場に取り入れられて行われる個人の余暇的活動としての運動・スポーツとは違い、競技としてスポーツが行われる場合、その競技そのものを主催・統括するための団体が必要になってくる（運動会では学校という組織が主催する団体として位置づけられる）。

一般的な市民法

肉体的活動をスポーツ競技として実施するために必要となる組織・団体は、競技に応じてスポーツ独自の視点が必要な場合もあるが、人間を集合体としてまとめる仕組みとして、スポーツに限らず他の団体とも共通点が存在する。そして、どのような仕組みで人的集合体を形成し、そのガバナンスをどのように規律していくのかは、通常、一般的な団体に関する法（特別法が作られる場合もあるが、一般法としての会社法や法人法あるいは組合に関する法なども適用される）によって規定される。ここに、スポーツ競技そのものに独自の固有法とは区別される、一般にも妥当する法によって規律されるスポーツ活動の組織的領域が登場する。

しかし、一般にも妥当する法によって規律されるのは、スポーツの組織的領域だけではない。余暇的活動として個人で楽しむ運動であっても、それをスポーツとみなすかどうかは別にして、一般的な法的規律に服していることはいうまでもない。例えば、ジョギングであっても、信号無視は許されない（この点で、余暇としてのジョギングとは異なり、マラソン競技の場合には、道路使用許可をもらうことで、一般の交通を遮断して行われる）。ジョギング中に不注意で人と衝突して怪我でもおわせれば、通常の場合と同じように、怪我をした相手に対する損害賠償責任が生じる可能性もある。さらに、野球やサッカー、あるいはテニスなどをするための場所の利用に関しても、当該施設の利用申請を行い、その許可・承認によってはじめて施設の利用契約を締結し、それに基づきようやく施設が使用可能になり、それぞれの活動を行うことができるようになる。この点で、スポーツは他の市民の活動と同じく、一般的な市民法のルールに基づくものともいえるのである。

二つのルールの関係

では、スポーツ固有法と一般的な市民法のルールとはどのような関係に立つのだろうか。例えば、ボクシングや空手のように、相手を殴ることで勝敗をつけるような格闘技の場合、その行為によって傷害罪などの罪に問われていたら、競技そのものが成り立たない。格闘技は野蛮な、そして犯罪となり得る行為を含むために、それを禁止する一般的な法が制定されたら、それはスポーツ活動に対する重大な侵害行為となる。その意味で、スポーツ固有法の領域に対しては、一般的な市民法のルールによって公的機関が介入することはできない（正確にいえば、格闘技で相手を物理的に攻撃しても、それは刑法上犯罪成立のための違法性が阻却されるといわれている)。このことからも分かる通り、まったくの無関係とはいわないまでも、一定の肉体的活動をスポーツ種目として規律するスポーツ固有法の内容には、一般的な市民法は介入しないということで、スポーツ、ひいてはその競技活動を規律する組織・団体の自律性が認められる(日本のスポーツ組織については本書第一章、プロ・スポーツ組織については本書第七章、第一〇章)。

3 スポーツのグローバル化

広がる国際的な仕組み

最近のスポーツ活動では、オリンピックやサッカー、ラグビーなどのワールドカップ、野球のワールドベースボール・クラシック(WBC)その他の様々な種目の世界選手権やアジア大会などの国際大会が、時として大きな話題を提供してくれる。そしてそれらの大会にとどまらず、中・高校生の野球アジア大会や、U○○サッカー・ワールドカップ(○○には二三や一八などの年齢が入る)、身障者によるパラリンピックなど、日本代表、あるいは代表選手の活躍が話題となり、日本(あるいは日本に限らず世界中の国)のスポーツは、国内での大会・試合にとどまらず、代表チーム・選手がアジアや世界を舞台に、国際大会・試合の中で戦うという意味で、グローバル化の様相を呈している。

国際的な交流という点から見れば、「代表」チームだけが海外チームと対戦しているわけではない。例えばサッカーの場合、Jリーグのクラブがアジアを舞台（アジア・チャンピオンズ・リーグ（ACL））に、または世界を舞台（FIFAクラブ・ワールドカップ）に試合を行うことがある。野球の場合も、しばしばアジアのチャンピオンを決めるために日本シリーズ優勝チームと韓国・台湾・中国の優勝チームが試合を行い、あるいは世界大会出場のために来日した海外の代表チームや、開幕戦を行うために来日したメジャー・リーグのチームと日本のプロ野球チームとのオープン戦が行われたりしている（なお、これとは別に、アメリカ合衆国あるいは台湾での日本の国内リーグ戦の開催も検討されている）。すなわち、プロ・スポーツの各球団・クラブの場合も、もはや国内のリーグ戦での試合だけではなく、国際的な仕組みの中での戦いを視野に入れておくことが求められるようになっている。

選手の海外移籍：例①プロ野球

日本におけるスポーツのグローバル化は、「代表」チームや「代表」選手の国際大会への派遣という現象にとどまるわけではない。むしろ、グローバル化は、個々のプロ・スポーツ選手の海外移籍によって衆目をあつめ、脚光を浴びはじめたといっても過言ではない。選手の海外移籍に関して、プロ野球では、一九九四年オフの野茂英雄選手の子供のころからの夢の実現のためのメジャー・リーグ（MLB）移籍に端を発する（もちろんそれ以前にも海を渡った選手はいたが、方法や可能性の議論を含めて本格的に始まるのはこの野茂選手の移籍によってである)。ここでは、現在の協約で認められているフリー・エージェント(FA)制度によってではなく、国内にしか意識が向いていなかった当時の日本のプロ野球協約の「任意引退」という方法によるメジャー・リーグ移籍が行われた(当時の任意引退後の球団の選手保有権が国外には及ばないことを利用した海外移籍の方法。現在では野球協約六八条二項により任意引退選手も国内だけでなく「外国のいかなるプロフェッショナル野球組織の球団」とも交渉することはできないことになっている。日本のプロ野球協約については本書第七章)。

この移籍をきっかけに、日本のプロ野球界からのMLBへの日本人選手の「流出」が問題となり、日本側とMLBとの話し合いの結果、FA権を持たない日本人選手のMLBへの移籍のシステムとしてのいわゆるポスティング制度が創設された(一九九八年一二月)。現在では、この制度の利用と共にFA権の行使を含めて、有力な日本人プロ野球選手のMLBへの移籍が活発化している。これは、日本のスポーツ競技団体(具体的にはNPB)とアメリカ・メジャー・リーグ機構(MLB)との国際的な取り決めという形で展開された、いわゆる組織面でのグローバル化の一例ということも可能になる。

選手の海外移籍:例②サッカー

サッカーの場合、選手の海外移籍は野球以上に盛んに行われ、その移籍を希望する選手も多く、実際に選手の海外移籍、海外のクラブ間での移籍も頻繁に行われている。野球の場合よりも若い年代で国際大会に出場する機会が多いことから、サッカー選手の海外志向は強いという傾向もある（そのために、最近では野球も高校生や中学生、リトルリーグの年代での国際大会が開催され、注目されるようになってきた）。また、選手の海外移籍は、一九九三年のＪリーグ開始以前から始まっており、野球よりも早くからグローバル化が進んでいる。そして、国際試合での日本代表の活躍は、まさに日本人選手の海外移籍を通じた世界での戦いの中での経験・実力向上と無縁ではないともいわれている（現在のサッカー日本代表に選ばれる選手の多くはヨーロッパをはじめとする海外のクラブ・チームに所属している）。

なお、日本人選出の「流出」が問題になった結果、選手移籍のシステムの構築が行われたプロ野球とは異なり、選手の海外移籍のルールに関して、サッカーでは、「プロサッカー選手の契約、登録および移籍に関する規則」が予め公益財団法人日本サッカー協会によって定められ、そこでは国内だけでなく海外移籍の手続等についても規定されている。この手続は日本サッカー協会に固有のものではなく、まさにグローバルなルールであり、それは、サッカーそれ自体が国際サッカー連盟（ＦＩＦＡ）の下に統括されて組織化されていることに関係する。サッカーは、ＦＩＦＡの下で制度化されているシステムにおいて、すなわちグローバルな制度の下で選手移籍が行われ、日本人選手もそのシステムの中で国内のＪリーグだけではなく、世界の、特にヨーロッパの各国リーグへと移籍し、活躍の場を広げているということである。その意味で、サッカーの場合、グローバル化はもともと想定の範囲内での事柄であったといえる（日本のサッカー選手の規律・海外移籍については本書第一〇章）。

世界へ羽ばたく選手

これらの例のほかにも、ラグビー・ワールドカップでの日本「代表」の活躍、「日本」代表メンバーとなる「外国人」選手の存在も話題になったことがある（ラグビーの場合、単純に言うと、選手の所属チームが代表選出の基準になるために、日本国籍を持たない選手も、日本のチームに所属していれば「日本」代表になれる）。さらに、日本人選手に限っても、オリンピックでの活躍を目標にした様々なスポーツ種目のグローバル化が進んでいる。柔道や卓球、レスリングや体操、水泳、陸上競技など選手の世界選手権出場と活躍がしばしば報道されている。また、スキー・ジャンプやスケートも毎年世界選手権やワールドカップをはじめとする世界大会に出場する日本人選手が話題になる。このように、競技スポーツでは、現在、国際ルールの下での世界大会や選手移動のグローバル展開が大きな特徴になっている。

4　スポーツにおける経済性と公共性の融合

スポーツの商業化

グローバル化と共に急激に進んだのがスポーツの商業化である。その一例が、日本でのサッカーやバスケットボールのプロ化であるといえる。一九九三年、Jリーグがスタートしたときに、現在のようにサッカーというスポーツが日本に定着するか否かは、多くのスポーツ・ファンの目から見ても半信半疑であった。しかし、地域密着型のクラブによる運営を通じたJリーグの発展は、プロ野球とは違った形での展開を通じて市民、特に若者層の人気を獲得するのに成功した。同じように、現在ではバスケットボールもプロ化し、有力選手がアメリカのNBAに行くようになって注目されるようになっている。その意味で、サッカーやバスケットボールは、日本ではアマチュアではなくプロ化（商業化）することで普及していったスポーツということができる（日本におけるサッカーのプロ化については本書第九章）。

その他のスポーツでも、競技大会に出場し、一定の成績を残せば、当該競技大会を主催する団体から支払われる賞金という形での金銭を手に入れることができる。オリンピックでメダルを取れば、その色に応じて日本オリンピック委員会あるいは選手の所属する企業・スポンサーから報奨金が支給されることにより、スポーツ競技で活躍することが、プロ化ではないにしても、一定の経済的利益を得ることができることになる。その意味で、スポーツ競技そのものが選手にとっては経済的利益を獲得するための活動となり、単なる趣味や楽しみとしてではない、スポーツの持つ経済的活動としての側面が最近ではクローズ・アップされることになる。

運営・組織面でのグローバル化

同じことが、スポーツの組織面でのグローバル化の中での展開にもみられる。オリンピックやワールドカップといった世界大会を開催することが、大きな利益を生み、経済の活性化をもたらすとして、その経済的側面から世界大会の招致活動が展開される。もちろん、大会招致にもお金がかかり、それは時として汚職といった醜い問題が、公正さを旨とするスポーツの側面からも大きな批判をもたらすことがある。しかし、世界大会の開催、特にサッカー・ワールドカップやオリンピックなどの世界的にも注目される大会の開催は、大きな商業的活動でもあり、スポーツそのものよりもその経済性が重視される場合がしばしば見受けられるようになっている。そして、その招致活動のために、国や地方公共団体の協力を不可欠なものとし、官民一体となってスポーツの経済性を重視する傾向を生み出すことになる（この経済性の特徴は本書第五章、第六章）。

スポーツの商業化は、様々な側面を明らかにする。サッカーのプロ化は、日本において野球を中心にしたプロ・スポーツ競技の拡大および競争をもたらし、スポーツの商業化を前進させた。すなわち、スポーツは、プロによる経済活動としてその運営自体が利益を生む事業となり、プロ選手契約の導入により個人の職業として展開されていく。それと同時に、Jリーグ発足後のサッカーの隆盛をみれば、それまでプロ・スポーツ界で独占状態にあった野球に非常に強力な競争相手が出現し、経済活動としてのプロ・スポーツの運営に競争秩序のような状態が現れている。

スポーツの文化・公共性

しかし、サッカーのプロ化は、決して商業化だけでその普及を促進したわけではない。むしろ、それは、「Jリーグ百年構想」という、地域におけるサッカーを核としたスポーツ文化の確立を目指す計画・理念の提唱を通じて、その活動を展開している（Jリーグを管理・運営する主体である日本プロサッカーリーグは、公共性あるいは公益的活動の特性を持つものとして二〇一二年四月から公益社団法人となっている）。これは、プロ野球も「社会の文化的公共財」としての野球というスポーツの普及を掲げてその活動を展開していたものの、結局は経済活動として親会社の広告宣伝手段の一種とされた球団が専ら営利を追求して運営されてきたこと（経営が赤字になると身売り話が持ち上がる）と、ある意味で対照的といえる。

サッカーは、サッカーという活動それ自体の持つグローバルな特性（世界において最もポピュラーで普及しているスポーツ）の利用により、スポーツ文化としての性格を前面に押し出している。そして、経済性よりも文化的な公共性を持つ活動としてそれを推進する原動力となるのが、Ｊリーグ設立の際にモデルとして参照されたヨーロッパ・サッカー、特にドイツのブンデス・リーガの制度になる。ここに、スポーツは、その本来的な内容となる文化・公共性と共に、経済活動としての側面も交えながら、二一世紀の現在、グローバルな活動として発展・展開されている。

5　本書および続編・姉妹編としての『スポーツを法的に考えるⅡ——ヨーロッパ・サッカーとＥＵ法』の構成

本第Ⅰ巻と第Ⅱ巻の狙い

以上のように、日本のスポーツを眺めると、グローバルなシステムの中の地域的な組織によって運営されているということができる。同時に、その経済性からの一般的な規律も、グローバル・モデルを参考にしてルール化が進められている。そこで、本書と『スポーツを法的に考えるⅡ——ヨーロッパ・サッカーとＥＵ法』は、二冊を一組として、スポーツがどのように法的問題となるのか、一体何が問題なのかの一端を明らかにしてみようと試みるものである。スポーツという、一見すると法とは無縁に思える事象がどのような場面でどのような法的問題を提起するのか、その問題がなぜ法的検討を必要とするのか、といったことを明らかにしようと思っている。

日本の法制度（第Ⅰ巻）

そこで、まずは本書で、日本国内でのスポーツに関する法システムの現状を概観することにする。しかし、日本では、商業化の進むプロ・スポーツを含めて、広くニュースとなるスポーツ競技は、一般市民の立場からすればある種のエンターテイメントとして見て楽しむものとされる。そのために、これまで法的視点からはほとんど意識されていなかったためか（スポーツはその活動自体に本質的意義を見出すものとのとらえ方からか）、あるいは、本来的興味をそそる問題領域ではないためか（本来的興味はオリンピックのような世界大会ではメダルの数や競技の結果、プロ・スポーツの場合にはひいきのチーム・選手の活躍にある）、スポーツを法的視点で検討しようとしても、まだ十分な議論を展開できるだけの素材が準備されているとはいえない。以上のような事情から、スポーツを題目にする法令を簡単に取り上げて、スポーツ組織のガバナンスに関する考察を行っていくことにする（本書第三章および第四章）。そのうえで、日本国内においても組織化が進み、団体としての確固たる基盤の下で展開されている日本国内の二大プロ・スポーツの法的問題を、その特徴と共に法的テーマとして考えてみる。

欧州の法制度（第Ⅱ巻）

以上の考察を基に、先に挙げたスポーツのグローバル化や経済性・公共性の二面性をより深く理解するためには、メジャー・リーグとも異なり日本独自のルールの内容を持つプロ野球ではなく、まずはグローバル化の中で展開するサッカーをモデルとして、サッカーと同様に、国境を取り払った形で形成されるEUの下でのヨーロッパの法的仕組みを検討しておくことが必要になる。そこでは、一つの法分野として成立しているEUでの「スポーツ法」の領域を検討対象とすると同時並行的に、EUそのものを法的にどのようにとらえるのかという問題も検討対象に含まれる。というのも、ヨーロッパでは、スポーツを、商業化の中での経済活動としての側面からだけでなく、サッカーを公共的で公益的な文化的活動として法の対象とし、一見すると矛盾する経済性と公共性の両側面を調和させている。それは、経済統合から出発しつつ、近年では混乱をきたしながらも展開を続ける欧州統合の動きに、スポーツ、特に共通の文化的基盤となっているサッカーというものが、EUそのものと密接不可分に結びついているからである。つまり、EUにおけるスポーツの法的規律の内容を検討することが、スポーツを、単なるエンターテイメントとしてだけではなく、法的に考える対象としてとらえることが可能になる。そのため、本書の姉妹編『スポーツを法的に考えるII―ヨーロッパ・サッカーとEU法』では、その組織形態が非常にわかりにくいために日本では十分に理解されているとはいえないEUを、サッカーというスポーツを例にして解説する。そこでは最近しばしば語られる、EUの揺らぎとその持続可能性の問題を含めて検討する。

ただ、スポーツを含めて、近年の世界の動きは非常に速い。スポーツに関する法的課題もその時々の情勢に応じて変化する。特に二〇二〇年からの新型コロナウイルス感染症拡大（COVID-19）は、日常生活を一変させた。その意味で、本書と姉妹編である第Ⅱ巻は、あくまでも執筆時点での状況を背景にスポーツを法的に考える一つの試みにすぎないことを予めお断りしておく。

第一章　近代国民国家の形成とスポーツ

1　明治維新による近代の主権・国民国家の形成？

幕藩体制下での日本とは？

日本という国は、神武天皇東征以来、一貫して統一された一つの国家形態を維持してきたかのように思われている。確かに朝廷を中心に一つのまとまった国家体制を整えていた時代はあった（いわゆる律令体制の下での大和・平安王朝）。しかし、本当にそれは現代のような主権・国民国家という形態だったのかといえば、そうではなかったという答えが返ってくるのではないだろうか。

日本の近代化の出発点となるのは、いわゆる明治維新である。それ以前の江戸幕府の時代の支配体制を幕藩体制と呼ぶのはご存じのことと思うが、江戸にいた徳川将軍の下、幕府が日本という国全体を支配していたのかというと、必ずしもそうではなかった。将軍の家臣であった大名が各自の知行地およびその領民を幕府から安堵され（本領安堵）、それを藩という形で支配していたのである。つまり、幕府は天領といわれていた将軍直轄の領地・領民に対する包括的支配権を行使していただけで、各藩の知行地・領民は大名およびその家臣団によって支配されていた。しばしば時代劇で登場するように、各藩の藩士は当該藩の領民と共に、自分のクニは土佐や薩摩、長州であると思っていた。その意味で、江戸時代の幕藩体制の下では、日本という国家は必ずしも江戸を中心にした統一的支配権に服する近代的意味での主権・国民国家の形態を整えていなかったのである。

版籍奉還と廃藩置県

明治維新によって、開国後の日本の後進性を自覚して、日本という国を西欧列強諸国に追いつくよう整えるために、天皇中心の統一国家の形成が急がれることになる。幕府を倒しても、その下での中世以来の武家によるのと同じ支配体制を維持するのであれば、将軍が天皇に代わっただけで統一国家としての近代の主権・国民国家とはいえない。幕藩体制を維持するだけならば話は簡単だったのであろうが、藩に帰属する家臣・領民を天皇の下に統一してこそ「国民」が形成されることになる。その第一歩が、一八六九年、勅許による版籍奉還であった。明治新政府は、各藩の大名に、彼らの知行として所有していた土地と領民を朝廷に返還することを命じたのである。ただ、将軍に代わり天皇が知行を安堵するだけのものととらえられていたために版籍奉還だけでは不十分で、勅許発布の二年後、一八七一年、士族たちの反対を押し切って明治新政府は廃藩置県を行い、幕藩体制とは異なる天皇を中心にした明治新政府が、日本全国を統治・支配する体制を確立するのであった（これを太政官制といい、現在でも行政府を官と呼ぶのはその名残である）。そしてその翌年の一八七二年には、太政官布告の形で作られた戸籍制度（いわゆる壬申戸籍）が施行され、ここに名実ともに天皇の臣民として日本「国民」が形成されていく。明治政府は元々は武士階級のモデルであった家制度の構築により、それを戸籍を通して一般民衆の間にも普及させることで日本「国民」の意識を植え付けていくのであった。元来、国家全体に統一して徴税・徴兵のために設けられ、明治期の家制度の根幹をなすものとして戸籍が作られたのであるが、それがひいては日本「国民」の形成につながるものになるとは、あまり意識されていない。どちらかといえば、島国である日本においては、単一民族としての日本人という意識の方が先行しているかのように思える。ただ、現在でも、「あなたのおクニはどちらですか」と尋ねられた場合、それはその人物の帰属する国家を尋ねているのか、それとも出身地である故郷を訪ねているのか判然としない場合がある。

大日本帝国憲法の制定

元々の藩主たる大名の知行地を返還させ全国統一的に国土が明治新政府により掌握され、同時に、戸籍制度を通じて「国民」が形成されると、近代の主権・国民国家で次に必要になるのはその領地・国民に対する統治権の確立になる。西欧列強との不平等条約の解消という政治目標と、特にいわゆる薩長の藩閥政治に対する不満から一八七四年の民撰議院設立建白書の提出を契機に始まったとされる自由民権運動にも後押しされて、一八八九年、大日本帝国憲法が欽定憲法の形式で発布され、ここにヨーロッパ以外の地域、特に東アジアで初めて近代的意味の憲法を有する立憲君主国家として大日本帝国が建国されることになった。

大日本帝国憲法の制定は、一八八一（明治一四）年、その政変の後に、一〇年後の一八九〇年には国会（議会）を開設するとの国会開設の詔が出され、伊藤博文を中心に、その制定・起草調査が行われる。伊藤は、そのために一八八二年から二年間、ドイツ・オーストリアに渡り、ドイツ型立憲主義を学ぶことになる。その際に、伊藤は、「憲法はその国の歴史・伝統・文化に立脚したものでなければならないから、いやしくも一国の憲法を制定しようというからには、まず、その国の歴史を勉強せよ」という助言を受け、「憲法起草に当たっては、天皇大権は憲法により初めて成立するのではなく、『我国は王権ありて始めて憲法ある』という日本の政治的伝統に基づいて憲法を起草するように」との基本方針を明らかにする。そこには、「国家権力を保持する主体は一つであるが、国家権力の行使は憲法の定める独立した機関の参与を通じて制限的に行われる」ことが暗示されるのであった（この点については、伊藤博文著・宮沢俊義校註『憲法義解』（岩波文庫、二〇一九年）に所収の坂本一登「井上毅と明治憲法」二五二～二五三頁参照）。

近代の主権・国民国家としての大日本帝国

以上のようなプロセスを通して、日本は西欧列強諸国と同じく近代の主権・国民国家としてその後歩むことになる。その際に重要な機能を果たしたのは、大日本帝国憲法に規定された天皇の三つの地位である。まず第一に、天皇は、大日本帝国の「元首」として「統治権ヲ総覧」(四条)する政治的な最高権力者となる。第二に、天皇は、大日本帝国の「陸海軍ヲ統帥」(一一条)する軍事的な側面での最高司令官でもある。第三に、天皇は、「神聖ニシテ侵ス」ことのできない存在(三条)として、宗教的権威を持つ最高神祇官として日本「国民」の精神的支柱たる存在でもある(いわゆる現人神としての天皇)。この三つの機能を一人の人物に体現させることで、そして、それをドライビング・フォースとして大日本帝国としての日本は短期間に近代化を推し進めていき、大陸侵攻を国是として展開することになる(この点の歴史的展開は、船戸与一『満州国演義1~9』において詳細に小説の形式で展開されている)。

欧米的意味での近代立憲主義からの逸脱:家族国家観の流行

大日本帝国憲法の下での三位一体的存在としての天皇というフィクションは、いわゆる日本の歴史に関する神話としての「記紀」をベースに大日本帝国憲法を解釈し、欧米の近代立憲主義とは異なった形で日本独自の国家像を展開することになる(これは大日本帝国陸軍の元勲・山県有朋を中心に展開される兵営国家論といわれる)。そのフィクションと、明治政府の国民掌握手段としての家制度が結びつくことにより、日本「国民」統合の方法として、大日本帝国は家族国家とする見解が流行するようになる。すなわち、天皇制国家としての大日本帝国は、皇室を宗家とし、天皇を日本「国民」の父と見立て、天皇の臣民である日本「国民」はまさに天皇の赤子とすることで、大日本帝国そのものを一つの大きな家族ととらえ、「国民」統合を展開する考えである。いわゆる世代の連鎖による家制度を国家のレベルにまで拡大し、日本「国民」を、先祖を同じくする一大家族にたとえ、皇室を「国民」の本家に位置づける家族国家観が、当時の憲法学者であった穂積八束によって唱えられ、流行していくのである。ただ、その家族国家観は、必ずしも西欧近代の立憲主義に基づく主権・国民国家と同じものとはいえず、むしろ逆に、家族の長である天皇の命令には従わなければならなかった。なぜならば、日本「国民」は「万世一系ノ天皇」が統治（一条）する大日本帝国の「臣民」でもあるからである。ここに、ドイツ型の形式的法治国家論（形式的な国民代表機関である議会の制定する法律の優位の考え方）が結びつき、議会の協賛の下に天皇が行使する立法権によって制定された法律は、まさに家長としての天皇の臣民に対する命令という意味を持って展開されることになる。

2 日本「国民」の体力・精神強化のためのスポーツ活動

大日本体育協会の設立

「柔道の父」と呼ばれ、一九〇九年に東洋で初の国際オリンピック委員会（IOC）委員に選出された、当時の東京師範学校長であった加納治五郎は、「我が国の体育の振興体制は、欧米諸国に比べ著しく劣っており、必然的に青少年の体格も劣弱の状況である。そのため、一大機関を組織し、体系的に国民の体育の振興を図ることが急務である」として、一九一一年、大日本体育協会を設立する。近代の主権・国民国家は、それ自体である種の人間のまとまりのようなものを生み出すことから、それまでばらばらの存在でしかなかった個々人に、例えば言語、あるいは文化といった共有物を基盤にして、一定の集団への帰属意識を生み出すことで、一つの確固とした集合体の枠組みを形成することになる。近代の主権・国民国家としての大日本帝国は、それを天皇の赤子として「国民」を統合する機能を大日本帝国憲法の下での家族国家観に任せ、その力によって欧米諸国に追いつくことを急務としていた。加納治五郎は、「国の盛衰は、国民の精神が充実しているか否かによる。国民の精神の充実度は国民の体力に大きく関係する。そして、国民の体力は国民一人ひとり及び関係する機関・団体等が体育に関して、その重要性をどのように認識しているかによる」として、大日本体育協会の創立を提唱することになるのである。

オリンピックへの参加

大日本体育協会創立の翌年、一九一二年、第五回オリンピック・ストックホルム大会に日本人が初めて参加することになった。そこには、陸上競技で短距離の三島弥彦とマラソンの金栗四三（彼は後に「日本マラソンの父」と呼ばれるようになる）の二名が出場したが、欧米選手との体力・体格の差、気候の違いなどから、この大会では「参加することに意義がある」という近代オリンピックの父クーベルタン男爵の言葉通りの結果しか得られなかった。なお、この時代は、遠く離れた異国の地で四年に一度開催されるだけのオリンピックには日本「国民」の関心は薄く、明治政府もそれほど前向きにとらえることはなく、参加は当初選手の自費でのものとされていた。その後、一九二〇年のアントワープ大会で、男子テニスの熊谷一弥が、シングルスおよび柏尾誠一郎と組んだダブルスで、日本人のスポーツ選手として史上初めてのオリンピック・メダル（銀メダル）を獲得し、また、一九二八年の第九回アムステルダム大会では、陸上男子三段跳びの織田幹雄と男子水泳平泳ぎ二〇〇メートルの鶴田義行が悲願だった金メダルを獲得したうえに、初めてオリンピック大会への女子選手の参加が認められ、日本からは人見絹枝が出場し、陸上女子八〇〇メートルで銀メダルを獲得して、日本人女子の最初のオリンピック・メダリストになったのであった。そのころから日本人選手の活躍などもあり、ナショナリズムに火のつく時代背景とも重なって、日本「国民」のオリンピックへの関心も高まり、一九四〇年の夏の東京大会、冬の札幌大会招致（この時代、夏季大会開催権を持つ国に冬季大会開催の優先権が付与されていた）に成功したが、これらの大会は日中戦争の激化・泥沼化もあり、自ら開催権を返上せざるを得なかった。この時代から、まさにスポーツの持つ一種の国民統合機能に時の政府は気づき、それを利用することで大日本帝国の威信の発信と国威発揚の手段としてオリンピック参加とスポーツ振興が利用されていくことになる。

学校教育としての体育

加納治五郎による大日本体育協会の創設は、大日本帝国臣民の体力強化を内容として含んでいる（そこには後述の軍隊の強化と共に近代の経済の中心である工場での生産力・労働力強化の意味も含まれている）。そして、体力強化こそが、精神の充実度に関係すると捉えることから、大日本帝国でのスポーツは、まず学校教育の場を中心に、帝国臣民の体力・精神強化のための体育として展開される。それは、天皇の赤子としての大日本帝国臣民の国防義務（この点、大日本帝国憲法二〇条が「法律ノ定ムル所ニ従ヒ兵役ノ義務ヲ有ス」と定めていた）を果たすために必須のことと考えられ、スポーツは体育という名のもとに、学校教育の一科目として展開されることになる。その中でも特に集団スポーツは、日本「国民」に仲間意識を植えつける重要な種目として、まずは日英同盟で同盟国となり、近代国家としては先進国であった英国から輸入されたサッカーが重視されたが、やがて後にプロ化が進められる野球がいち早く一九〇三年に早稲田大学対慶應義塾大学のいわゆる早慶戦を始め、一九一五年には全国中等学校優勝野球大会（後の全国高等学校野球選手権大会）が開催され、学校教育の一環としての学校での課外クラブ活動の成果を示す活動としてその興業が展開されるのであった。その後、一九二五年には大学野球が、早慶戦に明治大学、法政大学、立教大学そして東京帝国大学が参加することで東京六大学野球連盟を発足させ、現在まで続く大学学生野球リーグの中心的存在である東京六大学野球リーグ戦が始まることになる。

本来的趣旨から外れ始めた日本のスポーツ

スポーツとは、一定のルールに則って勝敗を競ったり、楽しみを求めたりする身体運動とされるが、戦前の大日本帝国憲法の下での日本のスポーツは、それを体育と呼んでいたことからも分かるように、天皇の臣民による大日本帝国への貢献のための活動として、青少年の肉体的・精神的鍛錬の一環となる活動とされていた。その典型となる日本のスポーツ大会が、一九二四年から始められた明治神宮競技大会（戦後これは国民体育大会、いわゆる国体となる）である。この競技大会では、大日本体育協会が主になって各種の競技が開催されるが、主催は最初の二回が内務省、第三回大会から第九回大会までは明治神宮体育会、そして第一〇回大会から戦争の影響で最後になる一九四三年の第一四回大会までは厚生省（戦前の国家行政組織では臣民の健康を所管する厚生省がスポーツの所掌官庁になっていた）になる。ここに、本来の個人の能力発揮のための私的な活動としてのスポーツというものが、国家のための、国家繁栄に役立つべき活動と位置づけられ、まさに戦時体制での大日本帝国においては「お国のための」活動とされることになるのである。そのために、戦争の激化に伴い、戦時中のスポーツは国からの干渉を強く受けることになる。東京六大学野球も文部省の干渉により、週日試合が禁止（一九四一年からは土曜日の試合開催も廃止）され、一日に開催される試合数も変則な形で行われることになる（なお、一九四三年にはリーグ自体が文部省の命令により解散させられてしまう）。また、大日本体育協会も、一九四二年には、財団法人大日本体育会として政府の外郭団体へと改組されてしまう。その結果、スポーツは、単なる私事ではなく、国家の干渉の下に展開される個人およびその集団の活動と観念されることになる。

この歴史的名残から

この戦前のスポーツに対する歴史的な背景と、そのとらえ方の名残は、二一世紀に入った現代においてもしばしば垣間見られる。特に、日本代表として選抜・組織される各種競技の選手たちには、「日の丸を背負う」ことの重大性やその意義が強調され、まさに「お国」を背負って競技大会で戦うことを暗黙の裡に課すことになる。その裏側として、選手の側でも「日の丸をつけて」競技に臨むことの重大性・その重みが口を突いて出てくる。同時に、各種スポーツ競技の発端は、今も変わらず学校教育における体育を中心にした課外活動の発展形態で展開されている。果たして本当にそれでよいのか、二一世紀の現代において、日本のスポーツは、戦前からの体育と同じように考える必要があるのか、特に商業化・プロ化の進む高度競技スポーツの在り方と、国際大会への参加によって生じるスポーツの国民統合機能について、法的にはどのように考えることができるのかを、以下では検討してみよう。

第二章　国家を背景にするスポーツ

1　近代オリンピック確立の背景

私的活動であるはずのスポーツ？

スポーツとは、個人あるいは個人の集合体である団体による一定のルールに則って行われる人間の身体的活動であり、その意味で本来的に個人の私的活動になるはずである。ところが、活動そのものは私的なものであっても、当該活動に従事するためには物理的条件が整備されなければ、個々人または団体はスポーツに勤しむことができないのもいうまでもない。特に、ある程度の規模のスポーツ競技の大会を実施するためには、個人あるいは私的団体の力だけではどうすることもできないことがある。国際オリンピック委員会（ＩＯＣ）主催のオリンピックであっても、競技会場やそこへのアクセス方法が整備されないと、またその招致そのものや、開催に際しての外国人選手の参加のための出入国管理上の措置など、国家・政府の協力なしでは実現できないということになる。国際的な規模にまで拡大するスポーツの大規模世界大会の実施には、どうしても公権力によるバックアップが必要とされることになり、ここにしばしばスポーツ（競技活動そのものに対するものではないにしても）への国家の介入が生ずる。その結果、現代の競技スポーツが高度化・グローバル化すればそれだけ、競技の実施に国家権力や政治が関与することになり、それは単なる私的活動と割り切ってしまうことができない状態になっていくのであった。

一九三六年の第一一回オリンピック・ベルリン大会とナチス・ドイツ

私的なアマチュア・スポーツ競技の国際大会であったオリンピックに国家・政治が最もかかわったとされる最初の大会は、第二次世界大戦前の一九三六年第一一回ドイツ・ベルリン大会になるといわれている。一九三三年に政権を奪取したヒトラー・ナチスは、まさにオリンピック大会を最大限に利用して、第一次世界大戦での敗戦から立ち直り、ドイツ（第三帝国）が世界に覇を唱えることができる大国に復活したことを世界中に印象づける政治的効果を狙ったのである。そのために、短期間でベルリンにオリンピア・スタディオン（Olympia Stadion）や空港、選手村を建設し、道路整備も行われ、大会そのものがヒットラーのオリンピックとまでいわれるようになる。開会式の式典では、リヒャルト・ワグナーがバイエルン王ルードビッヒ二世に贈ったとされる表敬の行進曲（忠誠行進曲とも呼ばれる）がリヒャルト・シュトラウ

ベルリン・オリンピアスタディオン

ス指揮で演奏される中、各国の選手団が入場し、最後にギリシャ・オリンピアからリレー方式で聖火が運ばれ、その点灯が行われたのであった。このオリンピック開催の重要な儀式ともいうべき聖火リレー（なおこの聖火リレーの発端は、実際にはその後のナチス・ドイツのバルカン侵攻のための道筋の調査のためであったといわれている）は、まさにこのベルリン・オリンピックから行われ、ある種の「ヒトラーの遺産」として現在も続いているうえに、ベルリン大会に続くはずだった一九四〇年第一二回東京大会、一九四四年第一三回ロンドン大会（ロンドン大会は一九四八年に繰り越されて戦後に開催されているが、記録上は一九四四年が第一三回大会、一九四八年は第一四回大会とされる。これはオリンピックが憲章にあるように四年に一度の大会であることを尊重している結果となっており、幻の大会が記録上は残ることになるからである）は第二次世界大戦の影響で実際には開催されず、ベルリン大会が第二次世界大戦前の最後の大会となったことが影響してか、戦後開催された各国でのオリンピック大会の開会式の式典の基本的な流れは、このベルリン大会のものがベースになっているといわれている（なお、ベルリンは一九一六年第六回大会の開催予定地でもあったが、第一次世界大戦中であったことからこの大会は幻で終わっていた）。

なんのためのオリンピック？

第二次世界大戦後のオリンピック大会は、一九三六年のベルリン大会を倣い、東西冷戦構造の下、開催国の国家の威信を内外に示すものとして展開されていく。そのために、会場となるスタジアムやインフラの整備のために膨大な公的資金（税金）が使われ、赤字続きで開催国に大会終了後も大きなダメージを残すことになった。例えば、一九七六年開催の第二一回カナダ・モントリオール大会の負債の支払いのための特別税の賦課徴収は延々と続き、その完了は大会開催から四〇年後の二〇一六年とされていたし、会場建設費用の多くを国債の発行で賄った二〇〇四年の第二八回ギリシャ・アテネ大会の結果、ＥＵでのギリシャ危機（いわゆるユーロ危機）が発生したといわれている。他方、国家の威信をかけた四年に一度の大会ということもあり、メダル獲得競争に各国の国力を背景にした争い、すなわちアスリートの大会というよりも国家間の争いという様相を呈していくようになる。この後者の点が東西冷戦構造の下で表面化したのが一九八〇年の第二二回モスクワ大会になる。その大会には前年一九七九年の「ソ連のアフガニスタン侵攻」に対する抗議として、アメリカをはじめ日本を含めた当時の西側諸国、アメリカの呼びかけによるサウジアラビア、エジプト、トルコなどのイスラム諸国が参加をボイコットした。このモスクワ大会を目指して鍛錬を続けてきたアスリートは個人参加を申し出るが、参加ボイコットを表明した各国オリンピック委員会はそれを認めず、オリンピックはいったい何の誰のためのスポーツ競技大会なのかが議論される結果となった。

オリンピックの商業化

そのオリンピックのイメージを劇的に変化させたのが、モスクワ大会の次の一九八四年第二三回ロサンゼルス大会になる。この大会は、赤字続きの大会開催との事情から、開催都市候補に立候補したのがアメリカのロサンゼルスだけだったということもあり、開催招致にまずあまりお金がかからなかった。大会の組織委員長だったピーター・ユベロス（Peter Victor Ueberroth）は、公的資金を使わなければ国家・政府の介入を抑えることができると考え、一セントも税金を使わないことを目指し、この大会でオリンピックの商業化に成功する。大会会場となるメインスタジアム・競技場は一九三二年第一〇回大会当時のものを補修して使用することでコストを抑え、その他開催に必要な費用は、テレビの放映権料、一業種一社に限定する形での高額のスポンサー協賛金（スポンサーに認定されるとオリンピックのロゴを自由に使用できる）の徴収、高額の入場料収入、大会公式マスコットの制作とその商品化で賄うことを柱にして独自の収入源を確保し、大会運営には多くのボランティアを募集することで人件費を抑制した結果、最終的に二億ドル（当時の日本円にして約四〇〇億円）の黒字をうみだすことになった。ただ、冷戦構造の下、モスクワ大会に対する報復のような形（表向きの理由は一九八三年アメリカ軍のグレナダ侵攻に対する抗議であった）で、ソ連をはじめとする旧東側諸国は参加をボイコットするという構造が続いたのが残念であるといわれた。

ビジネスとしてのスポーツ競技大会

一九八四年の第二三回オリンピック・ロサンゼルス大会の成功は、その後、儲かるビジネスとして、オリンピックだけではなく、サッカー・ワールドカップをはじめとする各種の国際的なスポーツ競技大会の開催招致に拍車をかけることになる。そうなると、開催を希望する都市の各国の競技団体（ＩＯＣ加盟の各国オリンピック委員会）という私的な存在だけでは太刀打ちできず、どうしても開催希望国の国家・政府の協力が必要とされることになり、ますます政治の介入が、大会運営だけではなく、開催招致のためにも行われることになる。皮肉なことに、国家・政治の介入の抑制を目的にしたオリンピックの商業化は、その後の世界規模での大会招致に、これまで以上にその介入を惹起する結果をもたらすことになった。特に、国家の威信の発信だけではなく国内での経済的発展を企図する国家が、世界的規模でのスポーツ競技大会の開催を希望して、その大会招致を働きかけることになった。そして、大会招致を実現するために、その開催候補都市のある国は、ある種一丸となってのアスリートの育成・強化（メダル獲得争いでの国威発揚と国民の関心を喚起し、税金投入に対する批判をかわすため）、開催会場を含めたインフラ、警備体制の強化策を策定していくとともに、開催に伴う国家規模でのインフラの充実・整備（例えば空港や道路といった交通網、宿泊施設建設のための都市整備など）、観光客の誘致を含めた様々な政策のパッケージ化を図ることが必要とされる。ここに、近代オリンピックの開催は、アスリートの能力を競うスポーツの大会という本来的趣旨だけではなく、むしろ国家の威信の発信、国内経済の発展・活性化のための大会へとその内容が変化し、二一世紀の現在、そのようなものとして定着していくことになる。この点は、二〇二二年開催予定の冬季オリンピック・北京大会への参加の可否について、アメリカ合衆国が参加拒否をにおわす発言をするなどの点で、政治の介入が二〇世紀からの名残としてもまだみられるところである。

2　日本でのオリンピックなどの世界大会

三回目になる東京オリンピック

近代オリンピック競技大会の記録上（夏季大会に限る）、二〇二〇年（現実にはコロナ禍によって一年延期）の第三二回東京大会は、一九四〇年第一二回大会、一九六四年第一八回大会に次いで三回目の開催とされる。なお、第一二回大会は、東京が泥沼化する日中戦争の影響で開催権を返上し、次点であったフィンランド・ヘルシンキでの開催が予定されたが、準備が間に合わないことやその前年にドイツのポーランド侵攻に始まる第二次世界大戦の勃発という理由から実際には開催が中止され、実施されなかったが、近代オリンピックの継続性という観点から不開催ではあったが記録上は東京、ヘルシンキとも「みなし開催地」という形で残ることになった。この開催地に関する「みなし開催」は前述の通り一九一六年の第六回ドイツ・ベルリン大会にも当てはまり、第一次世界大戦のために不開催であったが、前記の一九三六年第一一回ベルリン大会は二度目のベルリン大会とされている。そのために、二〇二〇年第三二回東京大会は、実際には二回目の開催でありながら、開催地としては三回目とされることになる。

一回目になるはずだった第一二回大会

第二次世界大戦後の近代オリンピックのモデルとなった一九三六年第一一回ベルリン大会の次の第一二回大会の開催予定都市は東京で

あった。実はこの幻の第一二回大会開催およびその招致、開催権の返上も、当時の大日本帝国の様々な政治的思惑が絡むものだった。開催招致の出発点では、関東大震災からの復興を遂げた帝都・東京の市長（現在の東京都二三区地域の長）であった永田秀次郎が、ベルリン大会の次の一九四〇年は神武天皇即位からちょうど二六〇〇年（いわゆる紀元二六〇〇年）に当たることから、その記念行事としてオリンピック開催を企図していた。そこで、永田は、東京市会で「オリンピック競技大会開催に関する建議」を採択させ、国内では商工会議所や体育連盟関係者に協力を依頼するとともに、一九三二年第一〇回ロサンゼルス大会に英語がわかる市会の議員を派遣し、そこで開かれるＩＯＣ総会で招致運動を行わせ、当該総会において日本代表に第一二回大会開催候補都市としての正式立候補をさせ、一九四〇年東京オリンピック競技大会開催招致委員会が結成されることになった。一九三五年のＩＯＣ開催地決定総会では、東京、ローマ、ヘルシンキの三都市が争うことになったが、日本人として三人目のＩＯＣ委員であった副島道正は当時のイタリア首相のムッソリーニに働きかけ、ローマの候補地からの辞退の約束を取り付けるが、実際にはその次の一九四四年での大会の開催が困難と知ってローマが辞退することはなく、日本国内では友好国であったイタリアに対する反伊感情を高める結果に終わってしまった。その後、一九三五年一〇月にイタリアが第二次エチオピア戦争を開始したことから、ムッソリーニが第一二回大会の開催候補地としての東京支持を表明したこと（大日本帝国がエチオピア不支持を表明することを取引材料にして交渉したのではないかともいわれている）、ＩＯＣ会長のラトゥールが二・二六事件直後の混乱期であったにもかかわらず来日し、日本に好印象を持ったことなどが功を奏して、一九三六年のＩＯＣ総会では一九四〇年第一二回大会の開催地を東京にすることが決まった。その後、文部省の斡旋で東京市や大日本体育協会を中心に「大会組織委員会」が結成され準備が進められたが、一九三七年の盧溝橋事件をきっかけに起こった日中戦争から、帝国議会で「一触即発の国際情勢に鑑みてオリンピックは開催できるのか」の疑問の声が上がり、また一九三八年には日中戦争の長期化から陸軍が選手選出に異を唱え、同時に戦略物資のひっ迫から陸軍大臣による開催中止の進言が帝国議会で行われたり、最終的には首相の近衛文麿が閣議で戦争遂行以外の資材の使用を制限する需要計画を決定して、事実上開催中止が決定されることになった。また、この一九三〇年代後半は、国際連盟脱退もあって大日本帝国が国際社会から孤立していく時期でもあり、ＩＯＣには東京開催反対、東京大会参加ボイコットなどの意見が寄せられ、会長のラトゥールも東京に開催辞退の話を持ち掛けざるを得ないような状況になった。結局、この一九三八年にはオリンピック開催に積極的役割を果たしていた加納治五郎の死もあり、最終的に閣議で正式に開催中止、開催権返上の決定が行われることとなり、戦前の東京オリンピック開催は幻に終わったのであった。

第一八回大会も政府主導

第一二回大会の開催権を返上し、実際の東京でのオリンピック開催は、一九六四年になる。この大会は、アジアでの初めてのオリンピック、敗戦国日本の戦後復興を世界に示し、急速に復興した日本が再び国際社会の中心に復帰するシンボル的な意味を持つものとされたのであった。実際には、連合国軍の占領を脱した二年後の一九五四年に一九六〇年の大会開催地に立候補したが、一九五五年のＩＯＣ総会における投票で同じく敗戦国だったイタリア・ローマに敗れたことから、その次の一九六四年開催地として立候補を繰り返し、一九五九年のＩＯＣ総会でデトロイト、ウィーン、ブリュッセルを破って東京大会の開催招致に成功したのであった。その際には、招致活動の中心人物であった当時の日本水泳連盟会長の田畑政治が、オリンピック招致にお金がかかることを懸念していた当時の岸信介首相に対して、オリンピック招致で観光収入も見込めることを材料に説得したといわれている。招致成功後は即座に「東京オリンピック組織委員会」が設置され、競技場などの施設整備、大会運営費、選手強化費などを国家予算から支出する国家プロジェクトとして展開されていったのであった。

第一八回大会開催とその後

この一九六四年の第一八回大会の招致の成功は、日本における高度経済成長の最中であったことから、その開催を国家プロジェクトとして展開したことから様々な副産物を生むことになった。二〇二〇年第三二回大会開催のために解体されたが、大会メイン会場としての国立競技場の建設だけでなく、そこへのアクセスのための東京の交通網の整備（首都高速道路や東京メトロ（当時は営団地下鉄と呼ばれていた）の整備）、東京・名古屋・大阪という日本の三大都市圏を結ぶ東海道新幹線の開業、羽田（東京国際）空港の整備・拡張（同時に羽田空港と都心とのアクセスのための東京モノレールの建設）などの事業が展開された。これらの整備は、当時建設大臣であり、大会開催時には東京五輪担当大臣を務めた河野一郎（東京大会閉会後の佐藤内閣では一九六五年六月まで体育振興のスポーツ担当大臣になる）が中心になって進められた。河野は、一九四〇年第一二回大会の開催に対して真っ先に帝国議会で反対を表明した人物であったが、戦後第一八回大会の開催の準備に向けては先頭に立つという、ある意味での因縁のようなものを感じさせることになる。また、大会招致の決定後、開催に先駆けて一九六四年四月には経済協力開発機構（ＯＥＣＤ）への加盟が認められ、国内ではカラーテレビの普及が進み、日本経済に「オリンピック景気」といわれる好景気をもたらした。この夏季第一八回東京大会の招致の成功の後は、一九六八年に、やはり戦前の一九四〇年の開催権を夏季一二回大会と共に返上していた札幌へ冬季大会の招致を試みたもののフランスのグルノーブルに敗れたが、一九六四（昭和三九）年第一八回東京大会の開催成功に一定の評価がなされた一九六六年ＩＯＣ総会において、二度目の立候補で一九七二年冬季大会の開催地が札幌に決定されたのであった。この冬季大会開催でも、札幌に地下鉄が整備され、同時に札幌地下街が作られて、北の大都市・札幌の近代化やインフラ整備が国だけではなく地方公共団体を巻き込む形で大々的に展開されたのであった。

その後の日本での世界大会

札幌での冬季大会の後、高度経済成長期の終焉、バブル経済の崩壊などもあり、なかなか日本での世界規模のスポーツ大会開催は難しくなる。ただ、商業化されたオリンピック等を招致することが、日本の国家の威信を世界に向けて発信し、日本経済の建て直しを図って利用される。まだバブル経済の絶頂期にあった一九九一年のIOC総会で、日本での二度目の冬季大会開催として、一九九八年の長野での冬季オリンピック大会の開催が決定した。長野オリンピックの招致後には長野新幹線（現在の北陸新幹線）の整備なども進められたが、東京オリンピックや札幌オリンピックの際にはあまり意識されていなかった地方都市の環境問題がクローズアップされるようになり、長野オリンピックでは「環境と平和」がスローガンとして唱えられるようになる。ただ、実際には選手や観客の施設間移動のためのオリンピック道路の整備、関連施設の建設やオリンピック後の廃墟化による環境破壊が問題にされたり、開催招致活動の不透明さからくるIOC委員への働きかけの支出の問題（いわゆる賄賂問題：長野はオリンピックをカネで買ったといわれていた）など、二〇世紀最後のオリンピックとしては多くの問題を孕む大会となってしまった。

二〇〇二年サッカー日韓ワールドカップ開催

オリンピックとは別に、それと並ぶスポーツの世界大会と位置づけられるのはサッカー・ワールドカップ大会といわれている。その二一世紀最初の大会は、世界サッカー連盟（FIFA）による「アジア初の大会開催」の意向を受けて、また日本国内でのサッカー界の活性化を念頭に、一九八九年一一月に、日本サッカー協会（JFA）は、二〇〇二年大会開催の立候補を行い、一九九一年、二〇〇二年ワールドカップ招致委員会が発足する。また一九九二年にはワールドカップ国会議員招致委員会（招致議連）が誕生し、「平和の祭典」としてのメッセージ性を持たせた国家事業とされるようになる。ただ、一九八八年のソウル・オリンピックの成功を背景に「アジア初」に関心を持った韓国が一九九三年に二〇〇二年ワールドカップ開催に立候補を表明し、その招致において日韓の一騎打ちの様相を呈するようになる。招致活動の出遅れを挽回しようとした韓国は、元国会議員の大韓サッカー協会の会長をFIFAの副会長として送り込み、韓国国内の財閥を中心に政財界を巻き込む招致活動を展開した結果、欧州からの圧力もあり、日本の単独開催に逆風が吹き始め、一九九六年の開催国決定のFIFA総会では、情報収集の不備などもあり、また、招致議連会長の宮澤喜一元首相の「共同開催は政治的には悪くない選択」との発言もあり、日本が韓国との共同開催案を受け入れることで二〇〇二年大会は日韓共同開催に決定された。この決定プロセスや決定後、ワールドカップ組織委員会委員長には大韓サッカー連盟会長が任命されたことなどから、単独開催を準備してきた日本にとっては、実質的に敗北とされている（なお、この開催国決定についてFIFAでは投票が行われなかったが、招致の負の側面として日本側からも多額の金品が関係者に贈られたと報道されている）。ここに、二一世紀においても国家・政府の関与なしでは世界規模のスポーツ大会の開催招致すらママならないことが明らかな事実として鮮明になると同時に、スポーツの国際的大会が政治化する傾向を強く示すようになっていくのであった。

第三章　スポーツ法制度の整備とその実体

1　大会招致の相次ぐ失敗

長野以降は空振り続き

夏季大会としての一九六四年第一八回東京大会、冬季大会としての一九七二年札幌大会、一九九八年長野大会以外、実はオリンピック大会の開催招致に日本はことごとく失敗した。一九八八年大会の名古屋、二〇〇八年大会の大阪への招致はそれぞれ韓国・ソウル、中国・北京に敗れ、二〇〇二年のサッカー・ワールドカップも日本での単独開催招致には失敗する。さらに、オリンピック、サッカー・ワールドカップに次ぐ第三の規模のスポーツの世界大会であるラグビー・ワールドカップの招致も、二〇〇四年、「アジア初」を目指して日本ラグビーフットボール協会が主導して開催招致に動き出したが、二〇〇五年四月の小泉内閣での招致了承に関する閣議決定にもかかわらず、同年一一月の国際ラグビー評議会（ＩＲＢ）の決定により、二〇一一年の第七回大会開催の招致には失敗した（この大会はニュージーランド大会になった）。冬季オリンピック長野大会以降、世界規模でのスポーツ大会招致は空振り続きとなった。そこで、スポーツの世界規模での国際大会を日本に招致するためには、競技団体だけではなく、国や地方公共団体が関係スポーツ団体と一体となって招致活動に公的に従事することが必要との考えが急浮上することになっていく。そのための様々な公的支援の体制の整備の必要性がさけばれるのであった。

公的機関のサポートだけでは不十分

この失敗はその後も続き、二〇〇九年七月のIRB理事会での決定により二〇一五年はイングランド、二〇一九年は日本をラグビー・ワールドカップの開催国として推薦することが承認されたものの、当時の東京都の石原慎太郎知事主導で展開されていた二〇一六年オリンピック夏季大会招致活動は二〇〇九年のコペンハーゲンでのIOC総会で開催都市の第二回目の投票でブラジル・リオデジャネイロ、スペイン・マドリードに敗れ最小得票数だったため落選（この第三一回大会はブラジル・リオデジャネイロで開催）し、その招致に失敗した。また、二〇二二年サッカー・ワールドカップの単独開催を目指した立候補も、二〇一〇年のFIFA理事会での投票により第二回目の投票で最下位となり失敗に終わった（結局カタールに決定）。これらの大会招致は、開催候補都市がJOCや関係競技団体と協力しあいながらサポート体制をとっていたが、開催に際しての財政保障や開催招致に際しての国・政府の協力が不十分なままに終わっていたことが敗因の一つに挙げられることになった。特にサッカー・ワールドカップのように一都市での開催ではなく全国での競技開催が求められる大会では、日本のサッカー界を統括する日本サッカー協会（ＪＦＡ）ではなく国が主導する形をとることが必要ではないかが議論されるようになったのであった。

スポーツ基本法の制定

世界規模でのスポーツ大会開催を日本に招致するためには、日本の国家レベルでのスポーツに対する取組が必要になる。そのために、一九六四年の第一八回夏季オリンピック・東京大会の開催を控えて制定されていたスポーツ振興法では不十分であることが確認され、二〇一一年六月、超党派で結成されたスポーツ議員連盟を中心にスポーツに関する公的施策の基本事項を定めた「スポーツ基本法」が、スポーツ振興法の全面改正の形で制定され、同年八月に施行されることになる。その中で、特に国際競技大会の招致または開催の支援等に関する規定が明文で定められ、国・政府に対して、「国は、国際競技大会の我が国への招致又はその開催が円滑になされるよう、環境の保全に留意しつつ、そのための社会的気運の醸成、当該招致又は開催に必要な資金の確保、国際競技大会に参加する外国人の受入れ等に必要な特別の措置を講ずるもの」（スポーツ基本法二七条一項）と明示されたのであった。また同時に、国・政府は、ＪＯＣやＪＰＳＡ（日本障がい者スポーツ協会）、その他のスポーツ団体が行う国際的な規模のスポーツの振興のための事業に関し必要な措置を講ずるに当たっては、当該スポーツ団体との緊密な連絡を図るものとの規定（同法二七条二項）もおくことにより、広く一般的にスポーツの世界規模での大会招致に動き出すようスポーツ基本法で明示されたのであった。

2 スポーツ立国戦略

スポーツ基本法によるスポーツの位置づけ

失敗続きの世界規模でのスポーツ競技大会開催招致の成功を前提目標に、日本におけるスポーツに関する総合的な位置づけ・基本的仕組みを明確にするために制定されたスポーツ基本法は、その前文でスポーツを「国民が生涯にわたり心身ともに健康で文化的な生活を営む上で不可欠のものとなっている」ことを確認する。そのうえで、スポーツは、「人格の形成に大きな影響を及ぼすものである」こと、「地域の一体感や活力を醸成するもので、……地域社会の再生に寄与する」こと、健康の保持増進により「活力に満ちた長寿社会の実現に不可欠」であること、「我が国社会に活力を生み出し、国民経済の発展に広く寄与する」こと、そして「国際相互理解を促進し、国際平和に大きく貢献するもの」で「我が国の国際的地位の向上にも極めて重要な役割を果たす」ことという位置づけが明示される（スポーツ基本法二条）。その前提として、当該法律の前文は、「国民生活における多面にわたるスポーツの果たす役割の重要性に鑑み、スポーツ立国を実現することは、二十一世紀の我が国の発展のために不可欠な重要課題」であり、「スポーツ立国の実現を目指し、国家戦略として、スポーツに関する施策を総合的かつ計画的に推進するため、この法律を制定する」との文章で締めくくることになる。そこから、スポーツ基本法そのものは、「スポーツに関する施策を総合的かつ計画的に推進し、もって国民の心身の健全な発達、明るく豊かな国民生活の形成、活力ある社会の実現及び国際社会の調和ある発展に寄与すること」を立法目的として定めた（同法一条）うえで、スポーツの基本理念を示し（同法二条）、目的として定められた当該理念に則ったスポーツに関する総合的な施策の策定を国の責務として規定することになる（同法三条）。

スポーツの基本理念

スポーツ基本法は、スポーツの基本理念としてまず「スポーツを通じて幸福で豊かな生活を営むこと」を「全ての人々の権利」として承認する（前文第一段および二条一号）。そこから、スポーツの持つ様々な特性に鑑み、それは、自主的かつ自律的に「国民が生涯にわたりあらゆる機会とあらゆる場所において」行うことができるよう推進されること、「学校、スポーツ団体……、家庭及び地域における活動の相互の連携を図りながら推進」されなければならないこと、人々が居住する地域で「全ての世代の人々の交流が促進され、かつ、地域間の交流の基盤が形成されるものとなるよう推進」されるようにすること、「スポーツを行う者の心身の健康の保持増進及び安全の確保が図られるよう推進」されること、障害者も楽しめるよう必要な配慮の下に推進されること、選手が優秀な成績を収めることができるように「競技水準……の向上に資する諸施策相互の有機的な連携を図りつつ、効果的に推進」されること、「国際的な交流及び貢献を推進することにより、国際相互理解の増進及び国際平和に寄与するものとなるよう推進」されること、そして「スポーツに関するあらゆる活動を公正かつ適切に実施することを旨として……、国民の幅広い理解及び支援が得られるよう推進」されることを基本理念として掲げることになる。その結果、国や地方公共団体はこの基本理念に則ってスポーツに関する施策を展開することが責務とされ、スポーツ団体はこの基本理念に則ってスポーツの推進に取り組むことを努力義務（同法五条一項）とし、同時に「国、独立行政法人、地方公共団体、学校、スポーツ団体及び民間事業者その他の関係者は、基本理念の実現を図るため、相互に連携を図りながら協働する」ことが努力目標とされることになる（同法七条）。

スポーツ立国戦略の策定

このスポーツ基本法の制定を視野に入れながら、文部科学省は、日本の「新たなスポーツ文化の確立」を目指して、法律制定に先立って、二〇一〇年八月二六日、文部科学大臣決定の形で、スポーツ政策の基本的方向性を示す「スポーツ立国戦略」を策定した。そこでは、スポーツの意義や価値が広く国民に共有され、より多くの人々がスポーツの楽しさや感動を分かち、互いに支え合う「新たなスポーツ文化」の確立を目指して、「人（する人、観る人、支える（育てる）人）の重視」ならびに「連携・協働の推進」を基本的な考え方としたうえで五つの重点戦略、政策目標、重点的に実施すべき施策や体制整備の在り方などをパッケージとして示すことになる。そのうえで、短期的にはこの「スポーツ立国戦略」を実現するための前記のスポーツ基本法の制定、スポーツ振興財源の見直しから関連法制の見直し・検討を行い、中長期的には、今後取り組むべき施策について新たに策定するスポーツ（振興）基本計画において具体的な実施計画を示すことにするとされるのであった。

人の重視

スポーツ立国戦略の第一の基本的な考え方は「人の重視」である。この出発点は、スポーツを通じて幸福で豊かな生活を実現することをすべての人々に保障されるべき権利の一つとして、各人の自発性の下に、各々の興味・関心、適性等に応じた安全かつ公正な環境で、日常的にスポーツに親しみ、スポーツを楽しみ、スポーツを支え、スポーツを育てる活動に参画する機会の確保が謳われる。そこから、スポーツを実際に「する人」だけではなく、トップレベルの競技大会やプロ・スポーツの観戦などスポーツを「観る人」、そして指導者やスポーツ・ボランティアといったスポーツを「支える（育てる）人」に着目し、人々が生涯にわたってスポーツに親しむことができる環境をハード面（施設等）、ソフト面（プログラム・指導者育成等）の両面から整備することが示される。そして、実際にスポーツをするための環境整備、トップアスリート育成のための体制整備（指導者の育成や国際大会開催招致の支援など）、それを支えるための公的財源の投入、財源を含めた資源の効果的・効率的な配分とその金銭使用のためのスポーツ団体のガバナンス強化、スポーツをする人の権利保護のための紛争解決システムの整備、ドーピング防止活動等を通じて、透明性の高い公平・公正なスポーツ界の実現を国の責務とするのであった。

連携・協働の重視

この第一の基本的な考え方を実現するためには、必然的に国や地方公共団体を含む関係諸団体の連携・協力が必要となる。そこで、スポーツを身近なものとして定着させるために、地域スポーツクラブ、学校、地方公共団体、スポーツ団体、企業などが組織の違いを超えて連携することで人材の好循環を生み出すことが必要とされる。そのために、様々な組織・団体が協働することで地域の拠点となる総合型地域スポーツクラブを設置し、引退後のトップアスリートをそこに配置することで彼らの技能の社会還元を促し、引退後のキャリア形成の支援を行うと同時に、スポーツのグローバル化の中で、日本人が積極的に諸外国の人々と広く国際的に連携・協働することによって、我が国に対する理解を深め、友好的な関係を構築するとともに、スポーツ界における我が国の存在感を高めることにもつなげようとの考え方が示されることになる。そして、スポーツを基盤とする「新しい公共」の形成への参画を促すためには人々が広くスポーツの持つ意義や価値を共有することが必要であることから、公的な資金に支えられて活動しているトップアスリート・指導者が、自らの活動内容や成果を直接人々に訴えかける機会を設けるなど、スポーツ界自身が積極的に社会貢献や説明責任を果たす取組を進めると同時に、人々のスポーツへの興味・関心を高めるための国民運動の積極的な展開や広くスポーツに対する寄附を促す税制措置の検討等を行うことを第二の基本的な考え方として提示するのであった。

五つの重点的戦略

以上の基本的な考え方に従って、スポーツ立国戦略は、五つの重点的戦略を提示する。それが、「①ライフステージに応じたスポーツ機会の創造」、「②世界で競い合うトップアスリートの育成・強化」、「③スポーツ界の連携・協働による『好循環』の創出」、「④スポーツ界における透明性や公平・公正性の向上」、そして「⑤社会全体でスポーツを支える基盤の整備」になる。これらの戦略には、それぞれ目標と具体的な実施施策の内容が示される。その中で、特に②に関連して、「国際競技大会等を積極的に招致・開催し、競技力向上を含めたスポーツの振興、地域の活性化等を図る」ことが目標として定められる。そのうえで、④に関連して、日体協（一九四八年に大日本体育協会から改称された日本体育協会：なお現在は、体育という呼称が学校教育を連想させることから二〇一八年四月から日本スポーツ協会と改称される）やJOC（日本オリンピック委員会）などの統括団体の果たすべき役割に留意しつつ、ガイドラインに基づく体制整備の状況を国庫補助やスポーツ振興基金・スポーツ振興くじ助成の内容等に反映するとして、スポーツ振興のための財源措置についても言及される。そして、④および⑤に関連して、スポーツ界の連携・協働の促進のための具体的施策として、スポーツ振興くじなどのスポーツ関連事業を実施する独立行政法人日本スポーツ振興センター（NAASH）の支援機能の強化と体制整備とともに、そこに専門委員会を設け、国立スポーツ科学センター（JISS）の機能強化のために当該センターの活動状況の点検・評価を行わせ、国際競技力向上、生涯スポーツ、産学連携、国際戦略等の必要な機能強化について検討させることが記載されるのであった。

3　スポーツ振興基本計画からスポーツ基本計画へ

スポーツ基本法に先立つスポーツ振興基本計画

スポーツ立国戦略の立案以前にも、国は一九六一年に第一八回東京オリンピック開催の基盤整備のために制定したスポーツ振興法の規定に基づき、二〇〇〇年九月には二〇〇一年度から二〇一一年度までのスポーツ振興基本計画を文部科学大臣告示として策定していた。そこでは、「①スポーツの振興を通じた子どもの体力の向上方策」、「②地域におけるスポーツ環境の整備充実方策」、および「③

我が国の国際競技力の総合的な向上方策」の三つの基本方策を提示し、それぞれの方策において示された政策目標（例えば子どもの体力低下に歯止めをかけ、上昇傾向に転ずること、成人の週一回のスポーツ実施率を五〇%になるようにすること、オリンピックでのメダル獲得率を三・五%になるよう目指すなどの数値目標）を掲げると同時に、そのような政策目標実施のために必要不可欠な施策を示すことで、「二一世紀における明るく豊かで活力ある社会の実現を目指す」ものとしていた。ただ、この振興基本計画は、国が目指す今後のスポーツ振興の基本的方向を示すものにすぎず、数値目標が示されていたものの内容的には抽象性の高いもので、地方公共団体や関連スポーツ団体に対してはあくまでも自主的判断と責任においてスポーツの振興施策を進めるよう期待するにとどまることとされたにすぎなかった（国の希望を述べたある種の努力義務）。そのために、計画策定直後の二〇〇二年には日韓共催ではあるがサッカー・ワールドカップの開催が計画されていたにもかかわらず、オリンピック等の国際競技大会の開催招致も、③の国際競争力向上という政策目標達成に必要不可欠な施策とはされず、それを側面から支援する施策の一つに位置づけられ、積極的な国・地方公共団体の支援体制は構築されないような仕組みでの取組とされていたにすぎなかった。そのために、この振興基本計画まではスポーツ活動の実施は競技の本質に精通しているはずの各種競技団体に責任が負わされていたのであった。

国際競技大会開催のための施策

この振興基本計画では、ほとんどの施策の実現が努力目標とされてしまった結果、東京をオリンピック開催候補都市として立候補することが決定された後であったにもかかわらず、大会の招致や円滑な準備運営にとって不可欠である国際経験の豊富なスタッフの養成や、開催に必要なノウハウの共有化などについてはあくまでも国や地方公共団体を含めた関係諸団体の努力に委ねる方策がとられていた。そのために、この段階では必要な情報を収集・提供のための仕組みを構築することが求められているとの指摘はあるものの、「近年の厳しい経済状況等を踏まえ、国際競技大会や国民体育大会等の開催が開催地に過重な負担とならないよう、大会運営の簡素化や効率化に十分配慮する必要がある」という点を現状の課題として記述するにとどめ、開催のための必要財源をどのように調達・捻出するのか、国も費用負担するのか否かについては計画段階としても触れられないままであった。そのために、二〇〇九年のIOC総会、二〇一〇年のFIFA理事会での招致失敗をうけ、大会招致のための具体的な施策の立案が必要とされ、「スポーツ立国戦略」策定からスポーツ振興法の改正による「スポーツ基本法」制定への道筋が展開されていくことになる。

二〇一二年スポーツ基本計画の策定

スポーツ振興基本計画の不十分さを認識したうえで「新たなスポーツ文化の確立」を目指して立案された「スポーツ立国戦略」は、二〇一一年のスポーツ基本法の制定につながっていく。その中で、文部科学大臣に「スポーツの推進に関する基本的な計画」を定めることを義務づける規定（スポーツ基本法九条一項）が置かれたことから、二〇一二年三月二〇日、スポーツ基本法の理念を具体化し、今後の日本におけるスポーツ施策の具体的な方向性を示すものとして、国、地方公共団体およびスポーツ団体等の関係者が一体となって施策を推進していくための重要な指針として位置づけられる「スポーツ基本計画」が策定・公表された。それは、二〇一二年度から概ね五年間に総合的かつ計画的に取り組む施策を体系化したものとして策定され、「オリンピック・パラリンピック等の国際競技大会等の招致・開催等を通じた国際交流・貢献の推進」を一つの独立した政策目標として掲げ、「国は、独立行政法人日本スポーツ振興センター、地方公共団体、公益財団法人日本オリンピック委員会（「JOC」）、日本パラリンピック委員会（「JPC」）および中央競技団体等と連携し、大規模な国際競技大会等の招致や、我が国で予定されている国際競技大会等の円滑な開催に向けて、海外への情報発信や社会的機運の醸成、海外からのスポーツ関係者の受入れ等に必要な措置等の支援」を行い、また、「在外公館等においては、国際競技大会等の日本への招致及びスポーツ分野の国際選挙等に関する情報収集活動及び国際プロモーション活動等の支援を行う」ことが、政策目標実現のための具体的施策とされたのであった。なお現在は、スポーツ基本法附則二条をうけて文部科学省設置法一四条の規定に基づき二〇一五年から設置されている文部科学省の外局であるスポーツ庁を中心に実施していくための二〇一七年度から二〇二一年度までの第二次スポーツ基本計画が公表され、その施策が展開されている。

二〇一三年の決定

二〇一三年九月七日のIOC総会において、トルコ・イスタンブール、スペイン・マドリードと競い合った二〇二〇年の第三二回夏季オリンピック大会の開催都市は東京に決まった。その後ただちに、「二〇二〇年東京オリンピック・パラリンピック競技大会準備本部」が文部科学省に設置され、政府は「東京オリンピック・パラリンピック担当大臣」の新設も決定した。その後、二〇一三年度内に関係省庁との調整作業を行う部署として内閣官房に「二〇二〇年オリンピック・パラリンピック東京大会推進室」が設置され、さらに国会で「二〇二〇年東京オリンピック・パラリンピック競技大会の成功に関する決議」の議決がなされて、国主導でオリンピック・パラリンピックの実施が推進されていく様相を呈することになった。同時に、二〇一四年一月には大会の運営や準備などの実務を担う東京オリンピック・パラリンピック競技大会組織委員会が、元内閣総理大臣を会長に、元日本銀行副総裁を事務総長にして一般財団法人（なお、この組織委員会は二〇一五年からは公益財団法人になっている）として発足した。この組織委員会は、JOCと開催都市である東京都の拠出金によって設置されたが、二〇一五年に制定された「平成三十二年東京オリンピック競技大会・東京パラリンピック競技大会特別措置法」（実際には平成三十二年ではなく令和二年になるはずであるが、年号は現在もこの名称のままになっている）が組織委員会への国の職員の派遣を定め、同時に、大会の円滑な準備および運営に資するよう内閣総理大臣を本部長とする「東京オリンピック競技大会・東京パラリンピック競技大会推進本部」を内閣の下に設置し、その所掌事務として大会の円滑な準備および運営に関する施策の総合的かつ集中的な推進を図るための基本的な方針の実施を挙げたことから東京都という地方公共団体よりも国の関与の度合いが強く（もちろん組織委員会には都職員も派遣されているが）、国策としてのオリンピック・パラリンピック開催・実施の色彩をより強く帯びるものになったのであった。同時に、オリンピック・パラリンピック大会実施に関する関連機関が国主導の組織委員会だけでなく内閣の下部組織としての推進本部も設置され、どの機関が何を決定して運営するのかが不明確になっていった。

東京オリンピック・パラリンピックの大会ビジョン

以上のように国主導で進められている二〇二〇年東京オリンピック・パラリンピック大会（実際にはコロナ禍により二〇二一年開催）は、「スポーツ立国戦略」に基づくスポーツ基本法にも示された理念をベースに、その大会ビジョンが組織委員会によって公にされている。それによると、「スポーツには世界と未来を変える力がある」がビジョンとして示され、基本コンセプトは「すべての人が自己ベストを目指し（全員が自己ベスト）」、「一人ひとりが互いを認め合い（多様性と調和）」、「そして未来につなげよう（未来への継承）」の三つが掲げられる。その結果、二〇二〇年大会は、最もイノベーティブで世界にポジティブな改革をもたらす大会とすることが謳われている。「全員が自己ベスト」においては競技者だけでなく、「ボランティアを含むすべての日本人が、世界中の人々を最高の『おもてなし』で歓迎」することも掲げられ、「多様性と調和」においては二〇一五年にオリンピック憲章の根本原則とされた「性別と性的指向に関する差別を禁止すること」をうけて「世界中の人々が多様性と調和の重要性を改めて認識し、共生社会をはぐくむ契機となるような大会とする」ことが、そして、「未来への継承」においては二〇二〇年大会が「世界にポジティブな変革を促し、それらをレガシーとして未来へ継承していく」ことが宣言されるのであった。そして、このビジョンの下、二〇二〇年二月一七日、「共生」をコンセプトとして二〇二〇年東京大会のモットーは「United by Emotion（感動で、私たちは一つになる）」と決定されたのであった。

第四章　スポーツを冠にする法律

1　四つしかないスポーツを冠にする法律

スポーツは法律名称に使われにくい？

日本の国内法律で「スポーツ」を冠に使用しているものは現在（二〇二一年三月段階）四つしかない。それは、スポーツが、既に述べた通り本来的に個人・団体を中心にする私的活動であることから当然なのかもしれない。ところが、二〇二〇年の東京オリンピック・パラリンピック大会招致開催にもみられるように、スポーツという事象にしばしば大きく国家の介入が生ずることになるのも否定できない状態にある。すなわち、グローバル化の中で国際競技大会の実施には国家権力や政治が関与する必要があり、スポーツは単なる私的活動と割り切ってしまうことができない状態になっているのであった。そのために、「法の支配」の原理の下、国家・公的活動および財政出動のための根拠として法律の整備が必要とされるが、まだ私的活動の性格を強く持つ競技ルール

（公的機関は立ち入れないという、いわゆるスポーツ固有法）や競技団体の自律性確保のための規範が、「法律」という形式で制定される場面は限られているといえる。そのようなスポーツ固有法以外の分野での法律整備のために、現在においてスポーツを冠にする法律は、一九六一年の「スポーツ振興法」の改正法である二〇一一年の「スポーツ基本法」、一九九八年の「スポーツ振興投票の実施等に関する法律」、二〇〇二年の「独立行政法人日本スポーツ振興センター法」そして二〇一八年の「スポーツにおけるドーピングの防止活動の推進に関する法律」の四つにとどまる。

スポーツ競技自体の自主性・自律性

日本国憲法が「健康で文化的な最低限度の生活を営む権利」（憲法二五条一項）を生存権としてすべての国民に保障した結果として、国民の心身の健全な発達と明るく豊かな国民生活の形成は国の責務と考えられるようになった。ただ、「心身ともに健康な国民の育成」は学校教育の目標（教育基本法一条参照）でもあり、第二次世界大戦後も戦前からの学校教育における体育を中心に国民の肉体的健康の維持・増進が考えられていた。そこで、一九四九年に制定された社会教育法では、「体育及びレクリエーションの活動」も社会教育に含まれるとされた（社会教育法二条）が、スポーツは学校教育における体育だけなのか、もう少し国が教育とは別のレクリエーションとしてのスポーツ自体を振興するための法的基盤の整備をする必要があるのではないかとの見解から、さらに一九六四年第一八回オリンピック・東京大会開催準備を契機にして、一九六一年にはスポーツ振興法が制定され、日本で初めてスポーツを冠にする法律が制定されたのであった。ただ、スポーツ振興法は、「スポーツの振興に関する施策の基本を明らか」にすることで「国民の心身の健全な発達と明るく豊かな国民生活の形成に寄与することを目的」(スポーツ振興法一条一項)にするものの、当該法律の運用には「スポーツをすることを国民に強制し、又はスポーツを前項の目的以外の目的のために利用することがあつてはならない」(同条二項)として、スポーツに関与するか否かはあくまでも国民個人の自主的判断に委ねられることを基本としていた。これは、公的機関の関与も限定的・謙抑的なもの(責務としてではなく努力義務)にとどめてはいるが、スポーツ従事者・関係者の数が増加していたにもかかわらず、スポーツに従事・関与することを個人の権利としては規定しなかったため、不十分であるとみなされていたのであった。

2　スポーツ振興投票(いわゆるサッカーくじ)の登場

サッカーくじを定める法律が一番古い

スポーツ振興法では、スポーツ自体を自主的・自律的活動としていたことに伴い、国および地方公共団体は、「生活の実情に即してスポーツをすることができるような行事が実施されるよう、必要な措置を講じ、及び援助を行なうものとする」（スポーツ振興法五条）との規定が定められていた。そのうえで、当該措置をとるための財政的援助についても一定の規定を定めていた（同法第四章二〇条以下）。そのなかで特に、スポーツ指導者の養成・確保・活用、スポーツ施設の充実、地域における的確なスポーツ情報の提供、ナショナル・トレーニングセンター中核拠点施設の早期整備や競技別強化拠点の指定と支援、指導者の養成・確保（専任化の促進、ナショナル・コーチアカデミー制度の創設等）、競技者が安心して競技に専念できる環境の整備などを政策目標の達成に必要不可欠な、あるいはその側面的な国・地方公共団体の施策として掲げるスポーツ振興基本計画の実施のためには、どうしても一定の財源的裏づけが必要とされることになる。各種スポーツ団体の財政事情からすれば、それを当該団体の自主的・自律的判断に委ねて放っておくというわけにはいかない状態が目の前に登場するのであった。ただ、バブル経済崩壊後、国・地方公共団体も税収入は減少している中で、いかにしてスポーツ振興のための財源を確保するかが重要な課題として取り上げられるようになる。そこで、欧州諸国の例に倣い、スポーツ振興のための財源はスポーツを主体として、という観点から、一九九八年、「スポーツ振興投票の実施等に関する法律」を制定・公布し、二〇〇〇年三月には当時の文部大臣が社団法人日本プロサッカーリーグ（Jリーグ）を同法二三条一項のスポーツ振興投票対象試合開催機構に指定（文部省告示の形式による）し、静岡県でのテスト販売を経て二〇〇一年三月からJリーグの試合を対象にしたスポーツ振興投票券（いわゆるサッカーくじ）の販売の全国展開が実施されることになったのであった。

国を胴元にするサッカーくじ

「スポーツ振興投票の実施等に関する法律」は、「スポーツの振興のために必要な資金を得るため、スポーツ振興投票の実施等に関する事項を定め、もってスポーツの振興に寄与することを目的とする」（同法一条）との観点で制定され、施行されている。同法によると、「スポーツ振興投票」とは「サッカーの複数の試合の結果についてあらかじめ発売されたスポーツ振興投票券によって投票をさせ、当該投票とこれらの試合の結果との合致の割合が文部科学省令で定める割合……に該当したスポーツ振興投票券を所有する者に対して、合致の割合ごとに一定の金額を払戻金として交付することをいう」（同法二条）とされている。要するに、サッカーの指定された試合の結果あるいは各チームの得点数を予想して投票し、的中すると当せん金を受けることができる一種の富くじという賭博を国が胴元となって実施・運営し、そのあがり（賭博用語では寺銭）を国がスポーツ振興のための財源として用いる制度ということができる。現行法上は、文部科学省の指導・監督の下、その外郭団体として二〇〇二年の「独立行政法人日本スポーツ振興センター法」により設置された独立行政法人日本スポーツ振興センターによって運営・実施されている（スポーツ振興投票の実施等に関する法律三条）が、実体は国によって実施・運営されている賭博にかわりはない。そして、スポーツ振興投票券の当選払戻金は売り上げの二分の一を超えない範囲内で政令により定められた率を乗じた金額（同法一三条）とされ、要するに必要経費を含めて売上金の五〇％は寺銭として国の懐に入る仕組みになっているのである。

最高ランクに格付けされた事業実績

スポーツ振興投票の事業は、当初、売り上げ規模の予測の甘さから、二〇〇六年度までは大幅な赤字になっていた。その後、業務委託の見直しや販売システムの変更、新たなくじ（いわゆるtotoだけでなくBIGやmini totoなど）の導入などにより、二〇〇七年度から売り上げが急増し、払戻金や必要経費を除いても黒字に転じた上に、二〇〇八年度には借入金が完済され、二〇〇九年度に行われた独立行政法人評価委員会による「平成二〇年度に係る業務の実績に関する評価」では、当該事業の業務実績は最高ランクに格付けられるようになっている。なお、当該事業の売上金は、二〇一三年度以降、一〇〇〇億円を超え、それを財源にするスポーツ振興助成金の総額は約二〇〇億円を超える額に達しており、国の事業としては非常に優良なものに格付けられているのであった。なお、この財源からは、臨時のものではあったが、スポーツ振興だけではなく、二〇一二年度には東日本大震災復興支援の助成金も支出され、また、スポーツ振興助成金だけではなく、スポーツ振興基金への出資もなされている。

メダリストの増加

スポーツ振興のための独立財源が増加すればそれだけ、様々なスポーツ種目への支援も広がっていく。その効果として、オリンピックのメダリストの数も、二〇一二年第三〇回ロンドン大会では金七、銀一四、銅一七の合計三八個のメダルを獲得し、二〇一六年第三一回リオデジャネイロ大会では金一二、銀八、銅二一の合計四一個の過去最高の数のメダルを獲得するに至っている。冬の大会でも、二〇一四年ソチ大会では金一、銀四、銅三の合計八個のメダル、二〇一八年平昌大会では金四、銀五、銅四の合計一三個のメダルを獲得し、日本代表選手団の活躍が目立つようになってきた。一〇位前後で推移してきた世界全体でのメダル獲得順位もロンドンでは六位、リオデジャネイロでは七位と一九六四年第一八回東京大会の四位、一九六八年第一九回メキシコ大会の五位に次ぐ躍進を示している。こういうとオリンピック大会でのメダルをカネで買うような誤解を生むかもしれないが、やはり財政的支援によるアスリートの育成・強化は、世界規模の大会では必須のように思われる。

結局は刑法の特例法

ただ確かに現在は、スポーツ振興投票券の販売も、そのスポーツ振興の助成という目的との関係でうまくいっているということができるが、このサッカーくじの導入には、賭博の容認という側面があることから、青少年の健全な成長やスポーツを賭博の対象にする結果としてその価値・意義を歪めるのではないかという懸念を理由に当初導入反対論が根強く展開された（特に二〇二〇年オリンピック・東京大会開催のための財源確保のためサッカーだけでなくプロ野球の試合にも対象を拡張するか否かが議論されたが、これに対しては否定的見解が多数を占め、結局その拡張は導入されなかった）。そのために、「スポーツ振興投票の実施等に関する法律」は「十九歳に満たない者は、スポーツ振興投票券を購入し、又は譲り受けてはならない」（同法九条）とし、それに対する罰則が同法三五条で規定されることになる。同時に、同法一〇条二項は、振興投票の対象行為になるプロ・サッカーリーグ（Jリーグ）に関わる選手、監督、役員もスポーツ振興投票券の購入・譲渡を禁止している（罰則はやはり同法三五条）。結局、「スポーツ振興投票の実施等に関する法律」は、スポーツを冠にする法律ではあるものの、スポーツそのものを実施するための実体法ではなく、競馬や競輪、競艇の実施を定める競馬法、自転車競走法、モーターボート競争法などと同じく、刑法一八七条に定める富くじに関する罪に対する特例法（すなわち違法なものを合法にする法律）にすぎないということができるのであった。

3　スポーツ関連事業実施のためのセンター

日本スポーツ振興センターの設置

スポーツそのものが、前述したように戦後も学校教育における体育を中心に考えられたことから、スポーツ振興は、一九六四年第一八回オリンピック・東京大会開催後も、教育の一環としてとらえられていた。そのために、一九八六年には「体育の振興と児童・生徒等の健康の保持増進を図る」（旧日本体育・学校健康センター法一条）ための事業を行う目的で、当時の文部省（のちに文部科学省）所管の特殊法人として日本体育・学校健康センターが設置された。このセンターは、学校生活での安全の普及充実と共に、スポーツ振興分野においてはスポーツの裾野の拡大、地域のスポーツ環境整備、国際水準の競技力向上に力を注いでいた。その後、行政改革において特殊法人の合理化を目指す改革から、二〇〇一年の独立行政法人通則法および二〇〇二年の「独立行政法人日本スポーツ振興センター法」に基づき、当該センターは、二〇〇三年一〇月一日に独立行政法人日本スポーツ振興センターへと改変された。そして、この日本スポーツ振興センターは、「スポーツの振興及び児童、生徒、学生又は幼児……の健康の保持増進を図るため、その設置するスポーツ施設の適切かつ効率的な運営、スポーツの振興のために必要な援助、小学校、中学校、義務教育学校、高等学校、中等教育学校、高等専門学校、特別支援学校、幼稚園、幼保連携型認定こども園又は専修学校……の管理下における児童生徒等の災害に関する必要な給付その他スポーツ及び児童生徒等の健康の保持増進に関する調査研究並びに資料の収集及び提供等を行い、もって国民の心身の健全な発達に寄与することを目的」（スポーツ振興センター法三条）として、スポーツ振興基本計画（現在は第二次スポーツ基本計画）をはじめとする国の基本的施策方針に基づく各種業務の実施に従事する機関となっている。

広範囲にわたる業務内容

日本スポーツ振興センターは、その設置目的からもわかるとおり担当業務は非常に広範囲にわたる。当該センターは、学校の管理下における児童生徒等の災害についての災害共済給付の実施（スポーツ振興センター法一五条一項七号）や児童生徒等の健康の保持増進に関する国内外における調査研究ならびに資料の収集・提供（同条一項八号）と共に、スポーツ振興に関しても非常に多くの業務を担当することになる。すなわち、「その設置するスポーツ施設及び附属施設を運営し、並びにこれらの施設を利用してスポーツの振興のため必要な業務を行うこと」（同条一項一号）、「スポーツ団体……が行う次に掲げる活動に対し資金の支給その他の援助を行うこと。イ　スポーツに関する競技水準の向上を図るため計画的かつ継続的に行う合宿その他の活動　ロ　国際的又は全国的な規模のスポーツの競技会、研究集会又は講習会の開催」（同条一項二号）、「優秀なスポーツの選手若しくは指導者が行う競技技術の向上を図るための活動又は優秀なスポーツの選手が受ける職業若しくは実際生活に必要な能力を育成するための教育に対し資金の支給その他の援助を行うこと」（同条一項三号）、「国際的に卓越したスポーツの活動を行う計画を有する者が行うその活動に対し資金の支給その他の援助を行うこと」（同条一項四号）、スポーツ振興「投票法に規定する業務を行うこと」（同条一項五号）、「スポーツを行う者の権利利益の保護、心身の健康の保持増進及び安全の確保に関する業務、スポーツにおけるドーピングの防止活動の推進に関する業務その他のスポーツに関する活動が公正かつ適切に実施されるようにするため必要な業務を行うこと」（同条一項六号）、スポーツに関する「国内外における調査研究並びに資料の収集及び提供を行うこと」（同条一項八号）とされ、この点は、ほとんどスポーツ基本法やスポーツ基本計画の中に具体的に規定・記述されている内容とスポーツ振興投票に関する業務の実施主体（これはセンター内のスポーツ振興事業部が担当）とされることから、国のスポーツ施策の実施の中心的機関であるということができるであろう。同条一項一号に関して、日本スポーツ振興センターは、当初は国立競技場の業務主体があったが、それが二〇一四（平成二六）年に廃止・解体された後は二〇一九年に開設され、二〇二〇年第三二回東京オリンピック・パラリンピック大会のメイン会場となる新国立競技場、秩父宮ラグビー場、代々木体育館、国立スポーツ科学センター（JISS：なおこれは日本スポーツ振興センターの一部門とされている）、二〇〇八年に開設されたナショナル・トレーニングセンターを設置・管理している。

第二次スポーツ基本計画の実施

二〇一二年から二〇一七年までのスポーツ基本計画の後をうけた二〇一七年三月二四日の第二次スポーツ基本計画は、スポーツの価値を高め、それを広く国民に伝えていくことを国の役割ととらえ、その伝達のために①スポーツで「人生」が変わる、②スポーツで「社会」を変える、③スポーツで「世界」とつながる、④スポーツで「未来」を創るという四つの観点から、「スポーツが変える。未来を創る。Enjoy Sports, Enjoy Life」をモットーに、「スポーツ参画人口」を拡大し、スポーツ界が他分野との連携・協働を進め、「一億総スポーツ社会」の実現を目指すものとされている。そこでは、国の基本施策の実施という点でスポーツ庁が中核的役割を担うが、そこでも謳われているトップアスリートの育成、スポーツ施設の整備、スポーツを通じた国際交流推進のための情報収集および戦略的な情報発信、ナショナル・コーチアカデミーの充実、審判員・専門スタッフ等の海外研さんの機会の確保などの施策実施のための財政的支援と共に、学校教育の一環として行われる体育や学校スポーツの安全確保についての啓発活動などを日本スポーツ振興センターが担うものとされている。

スポーツ振興投票業務は区別して

日本スポーツ振興センターは、日本のスポーツ振興のための資金援助活動として助成業務を担当する。そしてこの助成業務のための資金は、基金の運用益を除けばスポーツ振興投票業務からの収益になる。ただ、スポーツ振興投票券発売によるすべての収益が助成金に使用されるのではなく、事業年度の収益金の三分の一を国庫納付金として国に納めなければならない（日本スポーツ振興センター法二二条一項）。そのために、スポーツ振興投票券の毎年の売上額が一〇〇〇億円を超えても、助成事業に充当される金額（国庫納付金以外に必要経費等が控除される）は年間二〇〇億円程度にとどまることになる。なお、当該センターは、災害共済給付およびこれに附帯する業務に係る経理と共に、スポーツ振興投票等業務に係る経理を区分経理として他の経理と区別して処理しなければならないとされている（同法二三条）。また、このスポーツ振興投票はJリーグの試合を対象にするものであるが、プロリーグであるJリーグには助成金の分配や投票業務の運営についての発言権は認められていない。

外郭団体としての天下り先

独立行政法人日本スポーツ振興センターそれ自体は、文部科学省の外郭団体としての独立行政法人である。そのために、当該センターの役員に、文部科学省や内閣官房、財務省などからの職員が退職後就任し、霞が関の天下り先になっているとの批判がしばしばなされることになる。現在の理事長は、前日本サッカー協会名誉副会長で、前Jリーグ・チェアマンの大東和美氏が就いている。結局、この日本スポーツ振興センターに関する法律は、それを独立行政法人として設置するための行政組織法の一つということになる。

4　スポーツ活動の公正かつ公平性の担保のために

ドーピング防止のために

スポーツの基本はフェアプレーになる。しかし、アスリートは、少しでも自己の身体能力を高め、競技におけるよい結果を求めて、薬物を使おうとすることがある。あるいは、指導者がそれを促すこともある。このような薬物を利用することによる身体能力の強化（いわゆるドーピング）は、アスリートの健康を害するおそれだけでなく、フェアプレーを旨とするスポーツ固有の価値と正面から衝突する。そこで、スポーツ基本法は、「ドーピングの防止の重要性に対する国民の認識を深める」（スポーツ基本法二条八項）ことを基本理念の内容の一つとして掲げ、この基本理念に則った施策の実施を国の責務とする（同法三条）と同時に、個別にドーピング防止活動の実施を国の責務と規定する（同法二九条）。第二次スポーツ基本計画でも、「クリーンでフェアなスポーツの推進によるスポーツの価値の向上」を掲げることから「ドーピング防止活動の推進」を重要な施策の一つとして位置づけている（これまでのスポーツ振興基本計画やスポーツ基本計画にもアンチ・ドーピングの記述はなされていた）。また、日本スポーツ振興センターは、その業務内容として、「スポーツを行う者の権利利益の保護、心身の健康の保持増進及び安全の確保に関する業務、スポーツにおけるドーピングの防止活動の推進に関する業務その他のスポーツに関する活動が公正かつ適切に実施されるようにするため必要な業務」（日本スポーツ振興センター法一五条一項六号）も担当する。このような国の意思をうけて、ラグビー・ワールドカップ二〇一九や東京オリンピック・パラリンピック開催を控えた二〇一八年、ようやくスポーツ基本法のアンチ・ドーピングの趣旨を実施するための法律として「スポーツにおけるドーピングの防止活動の推進に関する法律」が制定されるに至った。

オリンピック委員会主導でのアンチ・ドーピング活動

ドーピングの歴史は非常に長いといわれている。古代ギリシャのオリンピックでも、興奮剤などを用いてよりよい競技結果を出そうと試みられていたことが指摘されるし、一九世紀には水泳大会や自転車競技大会などでの参加選手による薬物利用による死者の報告がある。二〇世紀に入ってからは世界大戦での兵士に使用させる薬物の開発が進み、それがスポーツ選手にも広まっていくことになった。一九二八年には国際陸上連盟によって興奮剤の使用禁止が発表され、他団体もそれに追随するようになったが、ドーピング検査は行われず、禁止の実効性は乏しかった。ただ、一九六〇年第一七回オリンピック・ローマ大会での自転車競技でドーピングによる死者が出たことから、一九六四年第一八回東京大会に併せて開催されたＩＯＣ委員会においてドーピングの定義が協議され、一九六八年のグルノーブル冬季大会、第一九回メキシコ大会でオリンピック史上初のドーピング検査が実施された。その後は、IOC主導でアンチ・ドーピング活動が進められていくが、二〇〇〇年第二七回シドニー大会を前にした一九九九年、IOC主催の「スポーツにおけるドーピングに関する世界会議」で採択された宣言をうけて、その年の一一月、政府機関とIOCを中心とするスポーツ団体が五〇%の比率割合で出資する独立した国際機関としての「世界アンチ・ドーピング機構（WADA）」が設立され、以降はそこが中心になってアンチ・ドーピング（薬物使用禁止）活動を世界的規模で推進するようになっている。

素早く反応した日本

WADAの設置をうけて、それに深く関与していた日本は、早速、二〇〇一年九月、JOCや当時の日本体育協会などと協力して、独立のアンチ・ドーピング活動の統括団体としての「日本アンチ・ドーピング機構（JADA）」を設立する。その後、それまで競技団体ごとにバラバラだったドーピングの定義が、二〇〇三年三月にWADAによって「世界ドーピング防止規程」（いわゆるWADAコード）が制定されて統一され、WADAによる二〇〇四年第二八回アテネ・オリンピック大会までに各国オリンピック委員会、国際各競技連盟はWADAコードに準拠した規則作成の誓約書の提出を義務づけたことをうけて、日本でもWADAコードに対応する「日本アンチ・ドーピング規程（JAD

Ａ規程）」が策定される。ただ、ＷＡＤＡそのものが国際機関とはいえ、スイス民法典に基づく私的法人にすぎなかったため、ＷＡＤＡコードが各国政府の批准の対象とはならず、同じく私的団体である各種スポーツ団体によって遵守すべきものととらえられていたにすぎなかった。

ユネスコによる国際規約

アンチ・ドーピングに関する正式の国際規範制定に名乗りを上げるのは、教育・科学・文化の発展と推進を目的とした国際機関である国際連合教育科学文化機関（ＵＮＥＳＣＯ：ユネスコ）になる。そこで、ユネスコは、二〇〇五年一〇月、「スポーツにおけるドーピングの防止に関する国際規約（ユネスコ国際規約）」を採択し、日本政府も翌年の二〇〇六年一二月に当該規約採択を締結し、規約加盟国になった。これをうけて、文部科学省は、二〇〇七年五月、「スポーツにおけるドーピングの防止に関するガイドライン」を作成・施行した。同時に、ＪＡＤＡは、同年六月に旧来のＪＡＤＡ規程を改訂し、「日本ドーピング防止規程」を策定した。これらの一連の流れにより、ユネスコがドーピング防止の活動を実施する国際機関となると共に、日本政府も国内でのドーピング防止に責任を負う主体となり、ＪＡＤＡはドーピング防止活動の実施主体と位置づけられるようになったのである。

アンチ・ドーピング活動に関する以上の流れの中で、JADAは、スポーツ基本法により国とアンチ・ドーピング活動を連携して推進していく機関としてドーピング検査等を行う組織となっていった（スポーツ基本法二九条）。そして、二〇一八年六月二〇日、スポーツ基本法およびユネスコ国際規約の趣旨に則り、「ドーピング防止活動の推進に関し、基本理念を定め、国の責務等を明らかにするとともに、基本方針の策定その他の必要な事項を定めることにより、ドーピング防止活動に関する施策を総合的に推進し、もってスポーツを行う者の心身の健全な発達及びスポーツの発展に寄与することを目的」（一条）にする「スポーツにおけるドーピングの防止活動の推進に関する法律」が公布され、同年一〇月一日より施行された。この法律では、ドーピング防止活動が、「スポーツにおける公正性及びスポーツを行う者の心身の健康の保持増進が確保されることを旨として」推進されなければならないこと、「ドーピングの検査における公平性及び透明性が確保されるよう推進されなければならない」こと、「スポーツ競技会運営団体の自主性及び自律性が確保されるよう推進されなければならない」こと、そして「スポーツの多様性に配慮しつつ推進されなければならない」ことを基本理念として進められるべきことが規定され（スポーツにおけるドーピングの防止活動の推進に関する法律三条）、日本スポーツ振興センターがJADAや国と連携してアンチ・ドーピング活動におけ

スポーツにおけるドーピングの防止活動の推進に関する法律

る「中核的な機関として積極的な役割を果たすもの」と位置づけられることになった（同法六条）。そのうえで、「スポーツ競技会運営団体は、基本理念にのっとり、ドーピング防止活動に主体的かつ積極的に取り組む」（同法七条）ようその努力義務が定められた。ただ、この法律はアンチ・ドーピング活動に従事する国を含めた諸組織の連携・役割を明示するものであって、それ自体でドーピング違反に関する制裁等を規定するものになってはいない。なお、この「スポーツにおけるドーピングの防止活動の推進に関する法律」の二条三項に基づき文部科学省が定めた「スポーツにおける使用を禁止すべき物質及び国際規約に違反する行為を定める省令」では、禁止物質としてユネスコ国際規約が定めるものとし（同省令二条）、ユネスコ国際規約に対する禁止行為は同省令三条で規定するにとどまっている。結局、ドーピング違反者に対しては、ＷＡＤＡコードや「日本ドーピング防止規程」に基づいて制裁が課せられることになるが、ＪＡＤＡに加盟していないＮＰＢや日本相撲協会、日本ボクシングコミッション（ボクシングについてはドーピング検査が行われているのか否か情報公開がないために不明）などは、独自の規程に基づきその処分内容（選手資格の剥奪や試合参加の禁止・停止など）が決定されることになる。

国の役割を規定するための法律

結局、二〇一八年の「スポーツにおけるドーピングの防止活動の推進に関する法律」は、ドーピング防止活動における国およびＪＡＤＡならびに競技団体の役割分担を定める法律であると共に、ユネスコ国際規約の締結により加盟国に課せられた義務遵守のための国の活動を規定するものということができる。そこでは、国のどの機関がドーピング防止活動において中心的役割を担うのかが明確にされると同時に、ドーピングを違法行為として制裁を科すための根拠法律になっているものの、制裁を科すべき違法行為の根拠になるべき違法薬物の内容は省令に委任され、制裁の決定機関もＪＡＤＡあるいは各競技団体にするにとどめるものとなっている。当該法律の内容からすれば、スポーツのフェア精神を涵養し、公正・公平さを担保する手段は国の公権力の行使ではなく、それをあくまでも間接的な役割に留める決定がなされているにすぎないといえるのであった。

第五章　日本のスポーツ法制の基本的内容

1　スポーツ立国のためのスポーツ基本法

国策としてのスポーツ立国

二〇一一年のスポーツ基本法は、その前年に策定・発表された「スポーツ立国戦略」を基礎にする。すなわち、「スポーツの意義や価値が広く国民に共有され、より多くの人々がスポーツの楽しさや感動を分かち、互いに支え合う『新たなスポーツ文化』を確立することを目指す」スポーツ立国の戦略を具体化し、その基本的内容を定めたものがスポーツ基本法になっているということができるのである。そこで、スポーツ基本法がまさに国のスポーツ施策の基本となる内容を定めた結果、日本スポーツ振興センターを独立行政法人として、またスポーツ庁を文部科学省の外局として設置するなどの組織整備が行われ、さらに基本法の理念を具体化し、今後の日本におけるスポーツ施策の具体的な方向性を示すものとしての総合的な実施計画をスポーツ基本計画によって公にするとの手順がとられていく。まさに「新たなスポーツ文化」の確立を国策として推し進めるという立場・見解が、現在の日本におけるスポーツ立国戦略として展開され、そのための根拠法がスポーツ基本法であるといえるのであった。

スポーツ立国が国策とされる理由

ではなぜ、本来人間が生み出すある種の文化であるはずのスポーツが、国策として公権力の手によって推進されるようになったのかという理由を考えてみよう。それは、そもそも行政施策にはあまり馴染まないはずの事象を対象にしたスポーツ基本法がなぜ制定されたのかというその立法目的にもなる。スポーツ基本法は、この点につき、「国民の心身の健全な発達、明るく豊かな国民生活の形成、活力ある社会の実現及び国際社会の調和ある発展に寄与すること」を目的として規定する（同法一条）。そのために、スポーツ基本法において推進されるべきものは、行政が積極的に関与できる学校教育の一環としての体育だけではない。もちろん、スポーツ基本法は、学校教育の一環としての体育が青少年期における心身の健全な発展という点でだけではなく、「スポーツに関する技能及び生涯にわたってスポーツに親しむ態度を養う」点でも重要な役割を果たすことは認めたうえで、その充実を図ることを国および地方公共団体の責務とする（同法一七条）が、それだけではなく、野外活動およびスポーツ・レクリエーション活動の普及・奨励をも国・地方公共団体の努力義務とする（同法二四条）ことから、広く多様なスポーツ一般への参加・観戦等の機会の確保を通じて、明るく豊かな国民生活を形成していこうとすることになる。それがひいては活力ある社会を実現し、国際社会の調和ある発展にも寄与することになるとの発想になっている。

「体育の日」から「スポーツの日」へ

スポーツの推進を、学校教育における体育だけではなく広くスポーツ一般とした結果、一九六四年第一八回オリンピック・東京大会の開会二周年を記念して一九六六年に制定された一〇月一〇日（二〇〇〇年からは一〇月第二月曜日）の体育の日は、二〇二〇年からはスポーツの日とその名称が変更された。日時は、体育の日と同じく一〇月の第二月曜日とされるが、二〇二〇年だけは第三二回オリンピック・東京大会の開会式が行われる七月二四日とされた（コロナ禍の影響で延期されたため二〇二一年もオリンピック開催予定日の七月二三日とされている）。なお、国民の祝日となる「スポーツの日」は、「スポーツを楽しみ、他者を尊重する精神を培うとともに、健康で活力ある社会の実現を願う」日とされ（国民の祝日に関する法律二条）、ここでも国の主導によってスポーツを楽しむ日が決められているかのような様相を呈している。スポーツ基本法も、国・地方公共団体は、このスポーツの日に、「国民の間に広くスポーツについての関心と理解を深め、かつ、積極的にスポーツを行う意欲を高揚するような行事を実施する」こと、そして、「広く国民があらゆる地域でそれぞれその生活の実情に即してスポーツを行うことができるような行事が実施されるよう」必要な施策を講じ、その援助を行うことを努力義務として定めている（スポーツ基本法二三条）。

競技にまで関与するスポーツ立国

このような国策としてのスポーツ立国は、人々が自主的にスポーツを行い、観戦するための外的施設・環境整備にとどまらず、スポーツ競技の内容にまで介入することになる。もちろん特定のスポーツ競技のルールや実施方法に介入するわけではないが、スポーツ基本法は、スポーツ基本計画の展開すべき内容の一つとして、競技進行の公正・公平さの確保のためのドーピング防止活動だけでなく、競技者・アスリートの競技水準の向上をも国・地方公共団体の施策の一つに挙げる（同法第三章第三節）。これは、競技者・アスリートの育成を当該競技に精通する各競技組織であるスポーツ団体に委ねていたことからの方向転換を意味し、どこまでその専門性が認められるか不明の国が優秀なアスリートの育成を支援し、当該アスリートの引退後のセカンドキャリアとしての技能の社会還元と豊かな人生を送れるようにする環境整備を責務とすること（同法二五条一項および二項）で、新たな循環的社会システムの構築を行っていくことが示されることになる。その意味で、スポーツの推進・奨励そのものを目的とするわけではなく、スポーツを用いて新たな社会構造を創り出そうとするのが、スポーツ立国戦略であるということができる。

国策とされるスポーツの国際競技大会の招致・開催

活力ある豊かな社会の形成には、経済的発展の裏づけが必要になることはいうまでもない。国の経済力を伸ばす方法としてのスポーツの活用で最も有効な手段は、誰の目から見ても大きな関心を呼び、絶対に否定できないようなイベントを実施するためのインフラ整備のための公費投入による施策の実施といえる。そこで、大規模公共事業の実施のために、巨大イベントとしてのオリンピックやワールドカップといった国際競技大会の開催招致が国によるスポーツ関連施策としては必要になる。オリンピックが難しくとも各種目のワールドカップ大会を開催することで経済的活性化や競技スポーツへの国民の関心が高まることは、ラグビー・ワールドカップ二〇一九の成功で実証されている。そこで、スポーツ基本法は、国際社会の調和ある発展への寄与にも関連づけて、スポーツの国際競技大会の招致・開催をやはり国の施策として規定する（スポーツ基本法二七条。あるいは前述の通り、これが主目的となってスポーツ立国戦略が立案されたということができる）。但し、ラグビーの例でも分かるようににわかファンを増やし、その人気を定着させるのは国の行政ではなく、日本代表チームの成績および大会終了後の競技運営団体であるラグビー協会の努力にかかっている。国が施策としてできるのは、大会での代表チームの成績向上のための選手・アスリートの競技能力の向上のための外的条件整備までになる。そこからも分かる通り、二〇一九年のラグビー・ワールドカップ日本大会では、選手の競技能力の向上は競技団体である日本ラグビー協会による強化施策に依っていたといわれている。

2　手段化された日本でのスポーツ

スポーツの価値の発揮

二〇一七年三月に策定された第二期スポーツ基本計画は、スポーツ基本法に基づき二〇一七年度から二〇二一年度までの五年にわたるスポーツ政策に関する基本方針を定める。そこでは、スポーツの価値の具現化とその発信により、「スポーツが変える。未来を創る」を標語にして、スポーツの価値が語られる。そして、「スポーツの『楽しさ』『喜び』こそがスポーツの価値の中核であり、全ての人々が自発的にスポーツに取り組み自己実現を図り、スポーツの力で輝くことにより、前向きで活力ある社会と、絆の強い世界を創る」ことが基本方針とされる。すなわち、「スポーツ」は人々に「楽しさ」や「喜び」を与えるという価値を持つということを出発点にし、当該価値を具現化することによって「前向きで活力ある社会」と「絆の強い世界」の創造が図られるということである。

スポーツが変革・創造するもの

このスポーツの持つ価値を一つの手段として、新たな社会構造の創造が図られるのであるが、では、スポーツはいったい何を変革・創造するのであろうか。第二期スポーツ基本計画では、スポーツは「人生」および「社会」を変え、「世界」とのつながりを生み出し、「未来」を創造すると考えられている。スポーツを「する」「みる」「ささえる」ことでみんながその価値を享受でき、スポーツを生活の一部とすることで、人生を楽しく健康で生き生きとしたものにできるようになること、スポーツの価値を共有し人々の意識や行動が変われば、スポーツは多様性の中での共生社会や健康長寿社会の実現、経済・地域の活性化に貢献できること、スポーツは「多様性を尊重する世界」、「持続可能で逆境に強い世界」、「クリーンでフェアな世界」の実現に貢献できること、そして、東京オリンピック・パラリンピック競技大会等の開催を好機として、スポーツで人々がつながる国民運動を展開し、スポーツ界が他分野との連携・協働を進め、「一億総スポーツ社会」を実現する未来を創造することが、スポーツ政策の基本方針とされることになる。

人を中心にする基本計画

「一億総スポーツ社会」の実現を目指すという目標は、スポーツがみんなのものであるということを実感できる社会を創造しなければならない。もちろんそのためには、人々がスポーツの価値を享受できるようにすることがまず必要になる。そこで、第二期スポーツ基本計画は、「スポーツを『する』『みる』『ささえる』スポーツ参画人口の拡大と、そのための人材育成・場の充実」を取り組むべき第一の基本施策にする。つまり、スポーツを取り巻く人を中心にした施策から始めるということである。スポーツは、体を動かすという人間の本源的な欲求に応え、精神的充足をもたらすものであることから、スポーツを楽しむ、スポーツから喜びを得るというのは、なによりもスポーツを「する」ことが基本になる。そのために、スポーツ基本法は、スポーツを「心身の健全な発達、健康及び体力の保持増進、精神的な充足感の獲得、自律心その他の精神の涵養等のために個人又は集団で行われる運動競技その他の身体活動」と広く捉え、「スポーツを通じて幸福で豊かな生活を営むことは、全ての人々の権利」であるとしている（スポーツ基本法前文）。ただ、人々のスポーツとのかかわりは「する」ことだけではない。一生懸命活動するアスリートを応援し、アスリートに活力を与えることで自分自身も楽しみ、感動を得るという場面も考えられる。むしろ多くの人にとってはその場面の方が多いかもしれない。それが、スポーツを「みる」という場面になり、例えば、高校サッカーや野球を思い浮かべればわかるように、周りの人々が応援する姿を目の当たりにしてスポーツを「する」青少年が増える可能性もある。あるいは、「みる」ことで感動を覚え、当該スポーツを「ささえる」という活動に従事し始める人も登場する可能性がある。その意味で、「みんなのスポーツ（Sports for all）」という環境を作ることができるようになる。

ライフステージに応じたスポーツ環境

例えば男子の場合、大きくなったらサッカー選手や野球選手、ラグビーやバスケットボールの選手、相撲の横綱になりたいと一度は思うことがあるだろう。女子の場合も、なでしこジャパンやバレーボール、テニスプレーヤーやフィギュアスケートの選手の活躍を見て、あるいは男子のしていることを見て自分も同じように野球をしたい、自分も世界で活躍するアスリートになりたいと思うことがあるだろう。子供の頃にそう思っていても、歳を重ねるにつれ現実に直面し、ほとんどの人はそれを諦め、アスリートたちの活躍を「みる」側に変わっていき、裏方でもよいからアスリートたちを「ささえたい」と考える人も出てくる可能性がある。あるいは夢を諦め切れず、歳を重ねてもスポーツを「する」ことで生きがいを見出す人がいるかもしれない。「スポーツ参画人口の拡大」は、まさに「国民が生涯にわたり心身ともに健康で文化的な生活を営む基盤として、国民の誰もが各々の年代や関心、適性等に応じて日常的にスポーツに親しむ機会を充実する」ことから始まるといえる。若年期から高齢期までライフステージに応じたスポーツ活動を推進していくためには、まずはレクリエーションとしてスポーツを楽しむことができる環境整備が必要になる。第二期スポーツ基本計画は、その点を考慮して、働き方改革などの施策と協働しながらスポーツを楽しむ阻害要因を除去すると共に、誰もがライフステージに応じてスポーツに親しむ機会の充実を図ることが一番重要との観点から最初の重点施策に挙げることになる。

学校の教育活動としてのスポーツ

生涯にわたってスポーツを楽しむことができるようにする出発点は、やはり幼少年期に体力を向上させ、運動習慣を確立することが必要になる。教室ではおとなしいのに体育の時間になるとがぜんやる気を見せる子がいることは、お笑いの世界でしばしば指摘される。逆に、勉強もスポーツも両方できてプロ選手、あるいは甲子園に出場することで、進学校や進学校出身の選手たちが文武両道ともてはやされることもある。これに反して最近は、外で走り回るよりも家でゲームをしている方がいい、という子供が増えているといわれている。そこには、学校の教育科目の一つとして体育が位置づけられていることも一つの要因になっている可能性がある。幼少年期において人は体力に差がある。例えば、ものすごく足の速い子と遅い子、運動能力に優れた子とそうでない子が混在している中で、みんなに同じように体育を教科として課すと、成績評価において違いが生じ、変な優越感や劣等感を生み出してしまう。そのような感情から、特に劣等感から、運動・スポーツが嫌いになる子が多くなっているのではないだろうか。体力の向上や運動習慣の確立から学校での体育の重要性は否定できないにしても、劣等感を植えつけないように指導することが必要になるが、そのようなことができる指導者はまだ少ないのかもしれない。運動が苦手で意欲的でない児童生徒や障がいのある児童生徒であっても運動に参画できるよう指導者をしっかりと養成し、教育科目の名の下に強制することがないような形でスポーツを実施していくことが今後必要になってくるのではないだろうか。特に、基本計画の施策の中には「中学校における武道の指導を充実する」とあるが、それはある種の精神修行のようなものにならないように注意する必要があるとともに、宗教上の理由から格技としての武道に参加できない子がいることにも配慮が必要になろう（事実、義務教育としての中学校ではないが高等専門学校の体育実技で剣道を必修化したことによって憲法問題が提起され、校長の裁量濫用が認められた事例（最判一九九六年三月八日民集五〇巻三号四六九頁）もある。義務教育として武道を強制することは高等専門学校の場合よりも深刻な問題になるかもしれない）。

みんなのスポーツを目指して

学校教育としての体育やクラブ活動とは別に、それを終えた段階でのスポーツは、個人が継続的にそれに従事するトップアスリートにならなくても「楽しむ」あるいは「喜び」という価値を持つ重要な活動になる。例えば、子供の頃の夢がかなわなかったとしても、夢を追い求めた活動に継続的に従事することで人生の豊かさを享受することができる人がいることもある。その際に、夢をかなえたトップアスリートであった人物に競技技能を教わることでスポーツに親しみ、喜びを感じる人が出てくると、教える側も教わる側もスポーツを通してつながり、スポーツ参画人口の増加に貢献することになる。というのも、トップアスリートは、不断の努力の積み重ねにより人間の可能性を追求しており、その活躍や努力は人々に夢と希望を与え、チャレンジする勇気を社会全体にもたらしてくれるし、また、トップアスリートが才能を開花させる過程で培われた技術や知識・経験、その生き方は社会的な財産でもあり、それらは多くの人々にスポーツの魅力を広げ、社会に活力をもたらすことができるからである。国や地方公共団体は、野外活動およびスポーツとして行われるレクリエーション活動を普及奨励するために、「野外活動又はスポーツ・レクリエーション活動に係るスポーツ施設の整備、住民の交流の場となる行事の実施」などの施策に取り組むよう努力することがスポーツ基本法（同法二四条）では規定され、スポーツ環境の基盤となる「人材」と「場」の充実が基本計画では施策内容として展開される。そこでは、アスリートのキャリア支援、指導者の育成、欧米に見られる総合型地域スポーツクラブの質的充実や、スポーツ施設やオープンスペース等のスポーツに親しむ場の確保が具体的施策として掲げられる。そのうえで、障がい者スポーツの振興、スポーツを通じた女性の活躍促進を施策として示すことで、全ての人々が分け隔てなくスポーツに親しむことを通じて心のバリアフリーや共生社会が実現できると考えられることになる。そして、スポーツがみんなのものになれば、「多様性を尊重する世界」、「持続可能で逆境に強い社会」そしてスポーツの持つフェア精神から「クリーンでフェアな世界」の実現に貢献することができるようになるという狙いであった。

3　スポーツを通じた成長戦略

スポーツ市場の拡大

スポーツ参画人口を拡大し、人々のスポーツへの関心を高めることは、まさに社会の活性化の起爆剤の一つになる。「する」「みる」「ささえる」人口の拡大は、一つの産業としてのスポーツを活性化することにつながっていくのである。日韓サッカーワールドカップの開催された二〇〇二年には、日本代表チームの活躍（ベスト一六進出）もあって七兆円あったスポーツ市場の規模が、一〇年後の二〇一二年には第三〇回オリンピック・ロンドン大会があり、日本人代表選手の活躍（金銀銅合計三八個のメダル獲得）があったにもかかわらず、市場規模は五・五兆円に縮小してしまったことが指摘されている。そのために、第二期スポーツ基本計画では、スポーツを通じた経済の活性化を地域の活性化と共に一つの項目として取り上げ、「スポーツの成長産業化」を一つの重要な施策目標として掲げることになる。そこでは、不確定要素が多々ありながらも、スポーツ市場を二〇二〇年までに一〇兆円、二〇二五年までに一五兆円に拡大することを目指すとの数値目標も示されている。

非営利活動から営利活動も含めた内容へ

スポーツ振興法は「営利のためのスポーツを振興するためのものではない」（三条二項）と規定することにより、営利活動とは無縁のものとしてのスポーツの振興を推進していた。これに対して、学校教育の一環としてのアマチュアスポーツにのみ目標を向けるだけでは真の意味のスポーツ文化の展開への寄与にはならないことも、一九七四年のオリンピック憲章からのアマチュア規定の削除を例にするまでもなく明らかになってくる。元々近代オリンピックはスポーツでお金を稼ぐということに対する違和感からアマチュアスポーツの祭典として展開され、プロ・スポーツの世界規模での競技大会としてはワールドカップが開催されるという棲み分けがなされていたものの、冷戦構造の下、オリンピックに東側諸国の選手は国家お抱えで育成・参加しているのは本当にアマチュアかという問題の指摘や、真の意味での世界一を競うためにはプロ選手の参加を認めることが必要ではないかという意見の登場、さらにオリンピックの商業化もあり、スポーツそのものが商業化していったことから、日本でも、二一世紀に入ってプロ選手もオリンピックに参加するようになり、JOCも一九九二年のアルベールビル冬季大会よりメダル獲得選手には報奨金を支出するようになっている。その結果、スポーツ基本法は、スポーツ選手の中に「プロスポーツの選手も含む」（二条六号）とし、同時に、「国は、スポーツの普及又は競技水準の向上を図る上でスポーツ産業の事業者が果たす役割の重要性に鑑み、スポーツ団体とスポーツ産業の事業者との連携及び協力の促進その他の必要な施策を講ずる」（一八条）として、営利活動としてのスポーツも含めた施策の展開がなされるようになっている。

広範囲にわたるスポーツ関連事業者

第二期スポーツ基本計画の中で取り上げられるスポーツ産業の事業者は非常に広い範囲に及んでいる。もちろん、プロ・スポーツの運営団体も民間事業者に含まれるのはいうまでもないが、地域の活性化の中で取り上げられるスポーツツーリズムに関連して、基本計画では、「観光・運輸・流通・スポーツ用品・アパレル・健康産業等、スポーツツーリズムに関連する民間事業者」が連携を取り協力していくことが必要としている。それだけにとどまらず、「ＩＴ等を活用した新たなメディアビジネスの創出」も具体的施策では示されており、スポーツ関連の民間事業者はほぼすべての業種に及ぶことになる。そのうえで、国は、「スポーツ市場の動向調査等を行い、結果を広く共有することにより、地域のプロスポーツをはじめとする各種スポーツ団体等と地方公共団体や民間事業者等の連携による新たなスポーツビジネスの創出・拡大……を促進」し、「スポーツ市場規模の算定手法を構築することにより、スポーツ市場の分析を的確に実施するとともに、関係省庁・スポーツ団体・民間事業者等との継続的な議論の場を設け、先進事例となる新たな取組の共有やニーズ・課題の抽出等を行い、民間事業者と国及び地方公共団体との連携を促進する」ことを具体的施策の内容としている。そして、「国は、これらの取組を活用して、民間事業者のスポーツビジネスの拡大や雇用の創出に向けた取組はもとより、企業スポーツの活性化など企業におけるスポーツ参画の取組の拡大、スポーツの場の充実及びスポーツ実施率の向上に資する取組等を推進し、民間事業者及びスポーツ団体等の収益がスポーツ環境の充実やスポーツ人口の拡大に再投資される好循環を実現する」こと、さらに、「国は、国内外の『経営的に自立したスポーツ関連組織』について、収益モデルや経営形態、発展経緯等を調査研究し、その成果を普及啓発することで、都道府県・市区町村の体育協会、総合型クラブ及び地域スポーツコミッション等においてプロスポーツや企業との連携等による収益事業の拡大を図り、スポーツによる地域活性化を持続的に実現できる体制を構築する」ことを具体的施策とする。つまり、スポーツ市場の成長産業化、市場規模の拡大のためには、国や地方公共団体が、スポーツ団体とだけではなく、広範囲にわたる民間事業者との連携を密にして経済政策の立案・実施が必要との考え方が示されているのであった。

4　スポーツ立国戦略の基本に据えるべき視点

自由な市民のイニシアティヴが必要

オリンピックやパラリンピック、その他の競技別のワールドカップ等の世界規模での競技大会の招致・開催には確かに国の支援・イニシアティヴが不可欠であることは否定できないが、スポーツの公共的側面のみを強調して国策としての「新たなスポーツ文化」の構築には、一定の注意が必要となる。それは、スポーツ基本法前文でも示されている通り、「スポーツを通じて幸福で豊かな生活を営むこと」は「全ての人々の権利」であって、決して国の施策に従う国民の義務ではないということである。多くの人々の関心を引くある特定のスポーツ種目（例えばオリンピック種目になっているもの）のみを指定して、それに青少年を強制的に従事させ世界的に活躍できそうなアスリートを選別するようなことは、旧東側諸国で行われてきた選手強化方法と変わりはない。あるいは、海外からの観光客を呼び込めそうな種目のみを指定して、それらの競技への関心を高めるためにそれらのみをメディアで配信するように助成することも、決して真の意味での文化の振興とはいえない。真の意味での「スポーツ文化」は、各人の自由な意思に基づき各人のイニシアティヴによって広め定着していくものということができる。そこに、いかに法律が整備され、それに基づく基本計画が立案されようとも、あくまでも文化振興の出発点は、自由な市民のイニシアティヴによるものでなければならない。さもなければ、人工的に国の強制によって作り出されたものは、確かに一時期非常に盛り上がりを示せたとしても、やがて衰退していくのは明らかになるのではないか。強制的に生み出された文化が衰退の途をたどるというのは、文化そのものを国家の栄枯盛衰との運命共同体化してしまうという歴史の示すところとなろう。

「援助すれども支配せず」が基本

スポーツもその一つとなる文化は、あくまでも市民の自由なイニシアティヴによって生み出され、そうであるからこそ持続的で社会に定着するものになる。ただ、自由なイニシアティヴによって展開されたとしても、それを維持していくためには、また広く普及させるためには、一定の範囲で公的支援が必要になることはいうまでもない。さらに、市民のイニシアティヴで始めるための条件整備は、やはり公的支援が必要になることも否定できないであろう。特にスポーツは、一定の施設や場を必要とする。さらに肉体的活動のための時間も必要となる。その意味で、完全に私的領域に委ねておくだけで「新たなスポーツ文化」が創造・発展するとはいえないこともまた、自明になる。

ただ、あくまでも自由な市民のイニシアティヴを中心に文化を創造・発展させることを出発点とする以上、国・公的機関は、「援助すれども支配せず」を基本にしておくことが重要な視点として、ここでは確認しておくことが必要であろう。その意味で、スポーツ基本法およびその下で展開されるスポーツ基本計画は、この基本的視点の下で展開・具体化されることが必要とされる。多くの場合、政治が口を出す文化は、結局そのようなものとしてしか発展していかないということを肝に銘じておく必要がある。

第六章　スポーツ立国の中心になるプロ・スポーツ

1　スポーツ市場の減退とプロ・スポーツ

プロ野球の栄枯盛衰？

かつて民放のある局では、夜半に入る時間帯ではあったが「プロ野球ニュース」と題する番組が毎晩放送されていた。そこでは、解説者と称する元プロ野球選手による解説付きでプロ野球一二球団のすべての試合結果が各試合のハイライト場面と共に放映されていた。もちろん、オフ・シーズンでも一二球団や選手の様々な情報（例えば契約更改やトレード移籍、新人選手の入団・トレーニングなど）、プロ野球の話題だけではなく、今後プロとして活躍しそうな選手発掘の場となる高校野球や大学野球、あるいは話題性のある他のスポーツ競技のニュースも取り上げられてはいたが、それらはあくまでもプロ野球というスポーツ・コンテンツに付随的なものとの取り扱いを受けるにすぎなかった。ところがある時期から、「プロ野球ニュース」なるものは姿を消し、普通の報道番組の一部として「今日のスポーツ」コーナーへと「格下げ」されて、それも野球はシーズン開幕戦、オールスターゲーム、日本シリーズや各リーグの優勝決定の場面でもない限りほとんど数値としての結果が報道されるだけで、他のスポーツ競技と一緒に一つの報道コンテンツに成り下がってしまったのであった。そこには、毎日の挨拶の代わりのように贔屓チームの昨夜の結果の話題から日常会話が始まるといった二〇世紀後半のプロ野球の勢いはもはやなく（例えば、筆者の居住地である関西では、事業所では昨日の阪神タイガースの試合結果や最近の動向から始めるとスムーズに会話が進むといった状況があった）、サッカー・Jリーグやワールドカップ二〇一九で盛り上がったラグビー、同じくプロ化され、世界的に活躍する日本人が登場したバスケットボール、毎年冬季あるいは秋口から頻繁に放映されるようになったフィギュアスケートの存在も無視できない状況があるのは否定できない。

ライバルの出現が原因？

報道に現れるプロ野球の衰退は、スポーツを「みる人」の興味の変化を示す一つのバロメーターとなる。その意味で、二〇世紀には娯楽の中心であったプロ野球が、他の娯楽やプロ・スポーツとしてのサッカー・Jリーグの出現、野球やサッカーを含めた有名選手の海外進出による海外スポーツへの関心、オリンピックや世界でのアスリートたちの活躍によるその他のスポーツ種目の隆盛と共に、「みる」スポーツとしての魅力を減少させたという事情を考えることができる。また同時に、「みる」スポーツとしてだけではなく、「する」スポーツとしても、若年層のスポーツ離れと共に、野球というスポーツへの関心が減少していったことも原因といえる。すなわち、「する」あるいは「みる」スポーツとしての選択肢となるライバルの出現とともに、若年層の色々な点での興味関心の変化が、スポーツ界における一極集中の独占状態の崩壊をもたらしていったということである。それは、本来ならばスポーツ界での競争をもたらし、その市場の拡大にもつながる現象になるはずのものが、スポーツ以外の娯楽の隆盛にも影響されて、実は、スポーツ市場の縮小を惹起してしまうという皮肉な結果になってしまった。

スポーツ市場の減退

筆者が少年時代は、多くの男子は野球のバットやグローブを持ち、街のいたるところで親子の、あるいは友達同士でのキャッチボールやバットスイングを楽しむ姿を見かけた。公園や広場では、他人にけがをさせてはいけないという観点からキャッチ―ボールが禁止されるようなこともあったぐらい、野球というスポーツを楽しむ子供は多かったのである（最近ではサッカーのようなボールをけることを禁止する公園がある）。公園でのキャッチボールが禁止されても家の壁にボールをぶつけて、ボール遊びを楽しむ子供の姿をしばしば見かけたのであるが、最近はグローブやバットを持っている子供は少なくなり（野球のボールはそれをするための道具ではなく、プロ選手のサインをもらう道具と化している）、スポーツ用品の売り場も、ウエアを除けば縮小され、デパートのスポーツ用品売り場でも野球のグローブやバットを見ることはほとんどない。それに代わってサッカーボールがあるかといえばそうでもなく、街のスポーツ用品店もあまり見かけないようになっている。これは、決してプロ・スポーツの衰退というよりも、一般市民のスポーツ離れからくるスポーツ市場の減退ということになるのかもしれない。ただやはり、スポーツ市場の活性化は、スポーツそのものに対する興味関心を惹起することが重要で、スポーツ立国を掲げる政策としては、スポーツへの関心を喚起することが必要になってくるといえるのではないだろうか。その際には、やはり実際にトップアスリートがその技能を競い合うプロ・スポーツの活性化が重要な内容になってくる。

2　プロ・スポーツの市場活性化?

スポーツ基本法に取り入れられたプロ・スポーツ

一九六一年制定のスポーツ振興法は、当時の時代背景から、アマチュアリズムが隆盛でスポーツで金儲けをすることに対して消極的見解がまだ強く、アマチュアリズムに対する信奉から、スポーツ振興施策は「営利のためのスポーツを振興するためのものではない」(スポーツ振興法三条二項)とされていた。そこには、スポーツが学校教育の一環としての体育として展開され続け、スポーツは教育の一環という色合いが強く打ち出されていたのであった。その後、一九七四年にＩＯＣのオリンピック参加選手規程からアマチュア規定が削除され、ＪＯＣ加盟の日本の国内競技連盟も一九八六年にプロ選手のオリンピック参加を容認する規程改正がなされ、平成の一九九〇年代になるとプロ野球だけではなく、サッカー・Ｊリーグが始まり、プロ・スポーツが国内の人気スポーツとしての存在感を高めた結果、二〇一一年のスポーツ基本法では、もはやプロ・スポーツを無視できない状況になっていた。そこで、スポーツ基本法はスポーツ選手の中にプロ選手も含む（同法二条六項）ものとし、「スポーツの振興のための事業を行うことを主たる目的とする団体」であるスポーツ団体（同法二条二項）には当然プロ・スポーツ団体も含まれると考えられることになる。その結果、スポーツ振興に関連して、スポーツ団体そのものに対する一定の努力義務（同法五条）と同時に、国や地方公共団体と共に、プロ・スポーツ団体も、スポーツ基本法が規律対象にするスポーツ団体として、「国民が健やかで明るく豊かな生活を享受することができるよう、スポーツに対する国民の関心と理解を深め、スポーツへの国民の参加及び支援を促進するよう」努める（同法六条）と同時に、国、独立行政法人、地方公共団体、学校、民間事業者その他の関係者と同法が定める「基本理念の実現を図るため、相互に連携を図りながら協働するよう努めなければならない」（同法七条）とされるようになる。すなわち、プロ・スポーツ団体も、スポーツによる金儲けだけでなく、スポーツそのものの振興の努力をするよう法的に求められていくのであった。

プロ・スポーツ市場の現状認識

このスポーツ基本法へのプロ・スポーツの編入の背景事情にもかかわらず、第二期スポーツ基本計画では、プロ・スポーツの現状を、その「市場規模は欧米と比較して極めて小さく、とりわけ、国内の主要なプロスポーツ・リーグである野球、サッカーにおいては、世界のトップリーグと比べて、二〇年前はその差は小さかったものの、現在ではそれぞれ約三倍、約五倍といった差が生じている」としている。これは、日本国内におけるスポーツ、特にプロ・スポーツの置かれている厳しい状況を示すものとなる。とりわけ、プロ・スポーツの代表であり、二〇世紀にはその主役となって独占状態であったプロ野球の衰退が、ライバルとして登場したサッカー・Jリーグによってもたらされると同時に、もともとグローバル化していたサッカーというスポーツの隆盛に伴ってアスリートたちの海外進出志向がファンの間にも広がっていったこととも無関係ではない。すなわち、プロ・スポーツへの注目は、必ずしも日本国内のリーグに向けられるというだけではなく、海外のリーグ、特に野球の場合にはアメリカのメジャー・リーグ（MLB）に、サッカーの場合には欧州各国リーグに向けられるようになったために、国内市場の規模の縮小を惹起したということができる。その意味で、スポーツ界にもグローバル化の波が押し寄せ、一般的な経済市場同様に、日本国内の市場が海外の市場にとってかわられるようになっていった結果という現象になっている。その結果、プロ・スポーツの現状は、「多くのスポーツ団体においては、特に経営・マネジメント人材や活動資金等の組織基盤が確立されているとは言いがたく、組織の持続的な成長・拡大に向けて収入を確保できる事業が十分に展開できていない」という問題が提起されるのであった。

プロ・スポーツへの関心の喚起

第二期スポーツ基本計画では、スポーツ人口の増加のために、「国は、スポーツと健康、食、観光、ファッション、文化芸術及び娯楽などのエンターテインメントとの融合や、ITを活用したスポーツの魅力向上等の民間事業者の取組を支援することにより、スポーツに関心がなかった人の意欲向上を図る」との施策を掲げる。その背景には、「政府の成長戦略におけるスポーツの成長産業化の位置付けや、各種大規模国際大会の開催を背景に、スポーツを有望産業と捉え、プロスポーツ・リーグの活性化、スタジアム・アリーナへの投資、健康・体力つくり志向の産業拡大などに向けた関心が高まっている」という事情も存在する。そこで、「国は、地方公共団体が中心となって取り組むスタジアム・アリーナ整備に関して検討すべき項目を示すガイドラインを策定し、地方公共団体及び民間事業者に対する専門的知見・国内外の先進事例情報等の提供や、地域における関係者間での協議の促進を通じて、スポーツの成長産業化及び地域活性化を実現する基盤としてのスタジアム・アリーナづくりを推進する」との具体的施策が挙げられるが、プロ・スポーツが展開される入れ物造りのみで一般市民の関心が喚起されるわけではない。もちろん、入れ物がなければスポーツは実施され得ないが、単純に入れ物を造れば人が集まり市場規模が拡大するわけではない。誰もが気軽に見に行こうという入れ物（スタジアム・アリーナ）の整備は重要になるが、それをどのように魅力あるものにするのかが重要課題とされることになるのである。いわゆる「聖地」と呼ばれるぐらいにアスリートにもファン・サポーターにも魅力ある入れ物とはいかなるものかの情報提供を含めて、公的資金投入を必要とする入れ物の整備は、みんなで知恵を出しあって考えなければならない事項となろう。そこで、「国は、プロスポーツを含めた各種スポーツ団体と連携した新たなビジネスモデルの開発の支援を通じ、地方公共団体及び民間事業者等によるスタジアム・アリーナ改革を通じたまちづくりや地域スポーツ振興のための取組を促進する」という施策を展開することになるが、それはあくまでもスポーツの外的・物理的条件整備の段階にすぎず、それに関連して同時に、トレーニングのための施設整備を含めてトップアスリートのニーズに対応できる拠点の充実が、基本計画には挙げられることになる。

人の養成も必要

プロ・スポーツに限られるわけではないが、一般市民のスポーツへの関心を高めるためには、競技を実際に行うアスリートの資質を向上させ、競技そのものが魅力あるものでなければならない。ワールドカップ二〇一九を契機に、にわか人気が高まったラグビーも、世界を相手にした大会でのこれまでにない日本代表の結果がその人気沸騰を惹起したし、テレビ中継が盛んにおこなわれるようになった卓球やフィギュアスケートも、実際にそれを行うアスリートの活躍が背景にはある。ＭＬＢの人気や欧州サッカーへの関心の高まりも、日本人選手の活躍がやはり引き金となっている。何事につけても、第二期スポーツ基本計画が示すように、一般市民の興味関心を喚起するためには、実際に競技を行う有能なアスリートと、それを活かすためのマネジメント能力を持つ人材の養成が重要になる。いくら日本国内では無敵であっても海外に出ていくと全く歯が立たないようなアスリートでは、そのパフォーマンスを見ようという気は起ってこない。能力あるアスリートを育成・養成するためには、アスリート育成に親身になって携われる指導者の育成や、トップアスリートとして活躍したのちの第二の人生設計もしっかりできるよう引退後のアスリートのキャリア形成の支援等を充実させ、最も活躍が期待できる年代に安心してプレーに集中できる環境整備が必要になる。この循環型社会の形成は、まさにトップアスリートに競技生活で活動したのちの人生設計に安心感を提供し、誰もが若年期に夢と希望をもってスポーツに従事する機会を提供することができるようになり、スポーツへの興味を喚起する一つの契機になっていくだろう。そして、そのための基盤整備は、スポーツ団体だけで行えるものではなく、公的機関との協働・連携が必要になるし、アスリートが活躍する間でだけのスポーツ関連民間事業者の支援・協働をこえる協力も必要とされる。

プロである以上、経営能力も必要

プロ・スポーツ団体は、アスリートの養成だけで当該競技の魅力を社会に発信できるわけではない。プロ・スポーツの競技は、それ自体がビジネス・コンテンツとして魅力を持つものでなければ、スポーツの成長産業化は図れない。スポーツ産業を成長産業化するためには、アスリートの育成によって競技それ自体を魅力あるものにするとともに、そのためのガバナンス能力だけではなくある種のビジネス・センス、ビジネス感覚を持った人材の育成も重要課題となる。プロ・スポーツの場合、アスリートとして超がつくほど一流であった選手が統括団体のトップに就き、あるいは一定の助言を行う機会を持つ人材として登用されることがしばしばある。しかし、超一流選手は、トップアスリートとして活躍するために自己の競技能力向上に力点を置いており、その結果として必ずしもマネジメント能力やビジネス感覚に富む人材となるわけではない。逆に、選手時代は無名でもマネジメント能力やビジネス感覚に富む人材が登場することもある。そのために、アスリートの第二の人生設計のためにもスポーツ経営人材の育成は急務となる。プロ・スポーツは、いつまでも親会社・スポンサーの経営人材に依存して運営しているだけでは今以上の発展は見込めない。もちろん、親会社やスポンサーの経営人材を利用することで、スポーツ興業にビジネス感覚を取り入れることはこれまで必要であったといえるが、彼らはアスリートではなく、スポーツ競技そのものの魅力や発展可能性に十分な知識と経験を有しているわけではない。そこで、第二期スポーツ基本計画は、国に「スポーツ経営人材の育成に向けたカリキュラム作成支援や、個人とスポーツ団体とのマッチングによる人材活用等を促進することにより、スポーツ団体のガバナンスや収益性を向上させる」ような施策を採るよう明示する。そのうえで、「スポーツ団体における中長期の経営ビジョン・事業計画の策定やITシステムの利活用、スポーツ団体が実施する各種スポーツ大会へのビジネス手法の導入による新たな収益事業の創出等への支援などを通じて、スポーツ団体の組織基盤の強化を促進する」よう国は努力することが要請されるのであった。

ビジネス化のためのさらなる施策

海外のプロ・スポーツ市場は、例えば日本人選手が海外リーグに進出することで日本の一般市民の関心を惹起し、日本人が関与することで拡大したとも考えられること（例えば、海外リーグの試合の放映権を日本のメディアが購入するなど）から、その市場の動向調査は不可欠になる。台湾のプロ野球選手や韓国のプロ・サッカー選手が日本にやってきて活躍が期待できるような場合、海外の日本人の活躍を放映してきた日本のメディアと同じようなことが海外のメディアにも期待できるのか否か、日本のIT企業がそれをコンテンツとして海外展開できるのかどうかなど、そのような市場調査は、日本のスポーツ市場の拡大・成長にとって不可欠といえるであろう。そこで、基本計画は、

「国は、スポーツ市場の動向調査等を行い、結果を広く共有することにより、地域のプロスポーツをはじめとする各種スポーツ団体等と地方公共団体や民間事業者等の連携による新たなスポーツビジネスの創出・拡大や、ＩＴ等を活用した新たなメディアビジネスの創出を促進する」ことや、「国は、スポーツ市場規模の算定手法を構築することにより、スポーツ市場の分析を的確に実施するとともに、関係省庁・スポーツ団体・民間事業者等との継続的な議論の場を設け、先進事例となる新たな取組の共有やニーズ・課題の抽出等を行い、民間事業者と国及び地方公共団体との連携を促進する」よう求めることになる。そして同時に、「国は、これらの取組を活用して、民間事業者のスポーツビジネスの拡大や雇用の創出に向けた取組はもとより、企業スポーツの活性化など企業におけるスポーツ参画の取組の拡大、スポーツの場の充実及びスポーツ実施率の向上に資する取組等を推進し、民間事業者及びスポーツ団体等の収益がスポーツ環境の充実やスポーツ人口の拡大に再投資される好循環を実現する」と共に、「国は、国内外の『経営的に自立したスポーツ関連組織』について、収益モデルや経営形態、発展経緯等を調査研究し、その成果を普及啓発することで、都道府県・市区町村の体育協会、総合型クラブ及び地域スポーツコミッション等においてプロスポーツや企業との連携等による収益事業の拡大を図り、スポーツによる地域活性化を持続的に実現できる体制を構築する」こととされるのであった。

3　国とのかかわりを深めるスポーツ団体とその自律化

国の支援の必要性

プロ・スポーツ市場の活性化のためには、国の支援・協働が不可欠になる二つの場面は、スポーツ基本計画の中で明らかにされている。すなわち、前述のように、施設などの外的条件整備と、アスリート・経営人材の育成の場面である。スタジアム・アリーナ、トレーニングセンターなどの施設建設やその維持・管理は、スポーツ団体の財政的能力を超える資金が必要とされる。また、アスリートもいきなりプロで通用するトップ・プレーヤーになるわけではない。サッカーの場合は若年層の選手育成も各クラブが行っているが、それが必ずしもビジネスとして展開されているわけではない。まれにずば抜けた能力を持つ若年選手が海外の有力クラブの目に留まり、高額の移籍金によって買われていくというビジネスになる場合もあるが、そのようなケースは数年に一度あるかないかの賭けのようなものになる。野球の場合には、プロとアマチュアの境界が明確に引かれ、選抜されたアマチュアのトップ選手がプロ選手としての契約を締結するということになり、この場合には明確に選手育成はまずアマチュアの段階に委ねられる以上、高校や大学の課外活動であったとしても、企業スポーツとしての活動であったとしても、どうしてもどこかからの何らかの支援が必要とされる。そのために、外的条件整備と共に教育予算や補助金としての公的支援が実際には必要になることになり、プロ・スポーツもその土台においてスポーツ団体の自律的活動だけですべてが運営可能になるわけではない。そう考えると、プロ・スポーツ市場も、二〇世紀の高度経済成長と同じように、「護送船団方式」で成長を促すことになりそうな様相を呈してくる。但し、そのために選手を商品のように取り扱われないように配慮することも国の責務になる。

支配されずに自律性の確保

しかし、プロ・スポーツ市場は、やはり経済活動として私的なものであり、いかに国が関与するとしても国に支配されるようなことがあってはならない。市場を国が支配するようなことがあれば、それは冷戦構造時代の旧東側諸国におけるものと同じになってしまう。そこでは個人の自由な経済活動の結果としての市場という存在は消滅してしまうことになろう。市場のコンテンツとなるスポーツ自体も、結局はナショナリズムに基づく国威発揚の手段にされてしまう可能性もある。そのために、プロ・スポーツといえども、一定の公共性は持ちつつも、あくまで私的活動として、当該スポーツの主催団体は自律的存在であり続けなければならない。市場を「護送船団方式」で成長を促すことが必要であるとしても、スポーツ団体そのものは、あくまでも私的な自律的存在であり続けなければならないのである。この点で、国は「援助すれども支配せず」の原則は貫徹される必要がある。

スポーツ団体の基本原則

そこで、スポーツのイニシアティヴはあくまでも当該スポーツを主宰する団体に帰属するよう、スポーツ団体存立の基本原則がスポーツ基本法で規定されることになる。この点に関して、プロ・スポーツ団体に限るわけではないが、スポーツ基本法は、「スポーツ団体は、スポーツの普及及び競技水準の向上に果たすべき重要な役割に鑑み、基本理念にのっとり、スポーツを行う者の権利利益の保護、心身の健康の保持増進及び安全の確保に配慮しつつ、スポーツの推進に主体的に取り組むよう努めるものとする」（同法五条一項）とする。そして同時に、「スポーツ団体は、スポーツの振興のための事業を適正に行うため、その運営の透明性の確保を図るとともに、その事業活動に関し自らが遵守すべき基準を作成するよう努めるもの」（同条二項）とされ、「スポーツ団体は、スポーツに関する紛争について、迅速かつ適正な解決に努めるもの」（同条三項）とされるようになる。紛争解決も団体の内部問題として自律的解決に努めるようにすることによって初めて、当該スポーツ団体は他から支配されない自律的存在になるといえるのである。結局、次の問題は、現在の日本の代表的プロ・スポーツである野球やサッカーが、本当に透明性の確保された公正かつ自律的な団体によって運営されているのかを検討することになろう。そしてその自律性とは、スポーツそのものが持つ公平性・公正さを基本にしたものでなければならず、決して特定の加盟球団・クラブの利益にのみ依存するようなものであってはならず、形式的公平性を標榜しつつ実質的に全体として発展可能なガバナンス・システムを備えていなければならないといえるのではないだろうか。

スポーツを魅力あるものに

スポーツそれ自体は、人間の心身を鍛えるための肉体的活動であり、それ自身のうちに経済的価値を持つものとは必ずしもいえない。スポーツはビジネスか、と問われれば、野球を除き日本では長くそのようには考えられていなかった。プロ野球はむしろ例外で、そのために、後述するように野球の競技団体はプロとアマチュアで区別され、いわゆるプロ・アマ問題まで提起されることがあった。スポーツをビジネスにしていくことは、ある意味では文化の振興によって金を儲けるということにつながる。アスリートは競技能力を高めることで収入を高めようとする。競技団体・クラブは競技内容を向上させることで集客数を向上させようとする。ここに公権力の介入する余地はない。国の先導によってスポーツビジネスを活性化し、成長産業にしていくとしても、公権力が関与できるのはスポーツの外縁の条件整備にとどまる。スポーツは、競技自体が「する」、「みる」そして「ささえる」価値のあるものとして魅力を持たなければならない。それは、選手・競技団体・クラブによる効果的な情報発信を通じて市民に広げていくしかないが、そもそも競技内容がお粗末であれば、いかに情報が発信されようとも一般の市民に魅力を喚起するものにはならない。スポーツビジネスが成長産業として活性化していくには、国の力を借りるだけでなく、競技そのものの魅力を喚起するしかない。そして、魅力が喚起されれば、放っておいてもお金は集まってくるのではないだろうか。二〇一九年のラグビー・ワールドカップでの日本代表の活躍により、それまでラグビーという競技に興味なかった人たちもラグビーという競技を話題にするようになり、国内トップリーグに観客は集まり、関連グッズも売れるようになった。その意味で、スポーツは競技に魅力を持たせることができれば、公権力の関与がなくても、その周辺・関連企業を含めて景気が良くなっていくのである。

第七章　日本のプロ・スポーツの代表例としての野球

1　日本におけるプロ野球の展開

プロ野球誕生の歴史　一九〇三年に開始された早慶対抗戦から、一九一五年の全国中等学校優勝野球大会（現在の全国高等学校野球選手権大会、いわゆる夏の甲子園大会）、一九二四年の選抜中等学校野球大会（現在の選抜高等学校野球大会、いわゆる春の甲子園大会）、一九二五年の東京六大学野球など、日本の野球興業は、プロよりもアマチュアの、それも学校教育と結びついた形で始まる。ところが、野球人気が沸騰し、学生野球の「興行化」、「商業化」、「選手のマネキン化」などの問題から批判がまき起こり、戦前の文部省は、学生野球の健全化と統制を目的に、一九三二年にいわゆる「野球統制令」を出し、その結果、アマチュアの学生野球の選手選抜チームでは来日を招聘するアメリカ・大リーグの選抜チームと試合することができないこととなった（文部省による「学生野球の選手が職業野球の選手と対戦することの禁止」がその根拠）。そこで、一九三四年、ベーブ・ルースやルー・ゲーリックらを中心に来日した大リーグ選抜チームと対戦するために職業野球団を創設して全日本代表チームが結成され、この代表チームの選手を中心に大リーグ選抜チームの招聘元であった読売新聞社が主体となって大日本東京野球倶楽部（後の読売巨人軍、現在の読売ジャイアンツ）が結成される。一九三五年には、読売新聞社が複数球団による職業野球リーグ結成を画策し、当時日本最大の球場であった甲子園球場（現在の阪神甲子園球場）を所有していた阪神電鉄に球団創設の誘いがかかり、大阪野球倶楽部（後の大阪タイガース、現在の阪神タイガース）が設立される。その後、日本の三大都市圏に球団を創設し、プロ野球リーグを展開しようとの読売新聞社による思惑から、一九三六年には東京に東京野球協会（後の東京セネタース、紆余曲折を経て現在の北海道日本ハム・ファイターズ）、大日本野球連盟東京協会（後の松竹ロビンス、現在の横浜DeNAベイスターズ）の二球団、大阪には大阪阪急野球協会（後の阪急ブレーブス、現在のオリックス・バッファローズ）の一球団を増やすと共に、名古屋に大日本野球連盟名古屋協会（後の名古屋軍、現在の中日ドラゴンズ）、名古屋野球倶楽部（後の名古屋金鯱軍、現在は残念ながら後継チームは存在しない）の二球団を創設すると同時に、同年二月五日、この七球団によって日本職業野球連盟が結成され、この年の二月九日に読売巨人軍対名古屋金鯱軍が名古屋の鳴海球場で日本職業野球連盟に所属するチーム同士の初めての試合が行われることになる。そして、現在でも日本職業野球連盟結成の二月五日が「プロ野球の日」とされている。

アマチュアと競合するプロ

日本のプロ野球発足において興味深いのは、名古屋に二球団あったという点になる（現在は中日ドラゴンズの一球団）。これは当時、名古屋に全国中等学校野球の強豪校がひしめいていたために、野球熱も盛んであったことが要因となっていた。そこからも分かるように、当時、社会人野球（一八七八年に新橋鉄道局で創部されたのが始まりとされている）、大学野球、中等学校野球とアマチュアの野球大会はプロ野球が結成されても続き、人気をほぼ独占し、野球といえば職業ではなく、肉体鍛錬のための体育競技との見方が強く、当時の社会状況からは、「プロ野球は水商売であり、まともな職業ではない」という職業差別感が一般的であったといわれている。しかし、野球に対する人気は高く、プロ野球開幕後は、一九三七年に後楽園球場を親会社にする後楽園イーグルス（東北楽天イーグルスとは全く無関係。現在は後継チームが存在しない）が、一九三八年には大阪に南海軍（後の南海ホークス、現在の福岡ソフトバンク・ホークス）が、一九四〇年には名古屋金鯱軍と東京セネタースが合併して九州で最初のチームになる西鉄軍（後の西鉄ライオンズ、現在の埼玉西武ライオンズ）が設立され、日本職業野球連盟（一九三九年には日本野球連盟に改称している。現在のアマチュアの社会人野球を統括する日本野球連盟とは全くの別物）に加盟している。

ただ、プロ野球の経営は、野球人気の中心であったアマチュアとの競合と共に戦時中ということも影響して、親会社の思惑から非商業主義的に展開され、スポーツとしてのプロ野球という権威づけだけを強調していた。

戦争による中断と復活

一九四四年には第二次世界大戦の影響で戦時色が濃くなり、一一月には活動が休止される。その中で職業野球チームに所属する選手も徴兵によって戦地に派遣され、戦没するものも多数出ることになる。プロ野球も戦争には勝てず、チームに所属していた外国人選手の中には敵性人として抑留される者（ロシア革命の後白系ロシア人として日本に亡命したスタルヒン投手がその代表例）もあった。しかし終戦後、当時娯楽が少なかったこともあり、占領軍による日本統治のポリシーも手伝って、また野球が日本国民の間に根強く支持されていたこともあって、玉音放送のあった一九四五年八月一五日からわずか三カ月後の一一月六日には日本野球連盟の復活宣言があり、一一月二三日には神宮球場、二四日には桐生球場、一二月二日には西宮球場（阪急西宮スタジアム、現在は球場が撤去され商業施設の阪急西宮ガーデンズになっている）で東西対抗戦が開催された。また翌年の一九四六年三月からは八球団（戦前の七球団に加えゴールドスター（金星スターズ、現在の千葉ロッテ・マリーンズ））によるペナントレースが再開され、公式に日本のプロ野球が再開することになる。但し、戦後の混乱期であったことから、プロ野球だけではなく日本での野球の復活には食料や用具などの資材、球場の再建など様々な問題が横たわっていたとされる。例えば、球場に関していえば、一九四二年から中断されていた夏の全国中等学校野球大会も一九四六年には再開されるが、甲子園球場が米軍に接収されていたため西宮球場で開催され、翌年からは春・夏の中等学校野球での使用も認められるようになるが、大阪タイガースが甲子園を専用球場として使用できるようになるのは一九四八年からになるし、南海ホークスも大阪球場（当時の大阪スタジアム、現在球場は撤去され商業施設・南海難波パークスになっている）ができあがる一九五〇年まで甲子園球場や西宮球場を使用していた。そのような状況の中でも野球熱は高まり、一九四八年三月には社団法人日本野球機構が設立され、八月には夜間試合（いわゆるナイター）も開始され、暫定的にではあるがフランチャイズ制も導入されたのであった。

第1次プロ野球再編問題

プロ野球界再編の動きはしばしば起こるが、その中でも最も重要なものが一九四九年のシーズンオフの再編問題であろう。一リーグ制だったプロ野球に加盟希望球団が増加し、その加盟の是非をめぐり既存球団間で意見の対立が発生し、同時にアメリカの大リーグに倣って複数リーグ制の導入が議論されるようになる。その結果、一九四九年一一月には日本野球連盟が解散し、セントラル野球連盟（現在のセントラル・リーグ）とパシフィック野球連盟（現在のパシフィック・リーグ）の二リーグ制が誕生する。

当初、セントラル野球連盟には、読売ジャイアンツ、大阪タイガース（現・阪神タイガース）、中日ドラゴンズ、松竹ロビンスに加え、新たに大洋ホエールズ（現・横浜DeNAベイスターズ）と広島カープ（現・広島東洋カープ）、西日本パイレーツ（後に西鉄ライオンズに吸収合併）を加え七球団でスタートする。この翌年のシーズン・スタート前の一九五〇年一月には国鉄スワローズ（後のヤクルト・アトムズ、現・ヤクルト・スワローズ）も加盟して、8球団でリーグ戦が開始されるが、一年後の一九五一年には西日本パイレーツが経営危機に陥りパ・リーグの西鉄と合併し、撤退すると共に、一九五二年シーズン終了後には松竹と大洋が合併し、現在の六球団体制になる。パシフィック野球連盟には、読売と袂を分かった阪急ブレーブス、南海ホークス（一九四九年三月に巨人にエースが引き抜かれる別所引き抜き事件が、また当時の読売の監督三原修による試合中の南海の筒井捕手に対する暴行事件が勃発する）を中心に、東映フライヤーズ（現・北海道日本ハム・ファイターズ）、大映スターズ（金星スターズから改称）に、毎日オリオンズ（後に大映と合併し現在の千葉ロッテ・マリーンズ）、西鉄クリッパーズ（後の西鉄ライオンズ、現在の埼玉西武ライオンズ）、近鉄パールズ（後の大阪近鉄バッファローズ、紆余曲折の末、現在の東北楽天ゴールデンイーグルス）の七球団でスタートする。その後、高橋ユニオンズが加盟して8球団まで増えるが、一九五七年にはまず大映と高橋が合併し七球団になり、一九五七年シーズン終了後、高橋を吸収合併した大映と毎日が合併し、現在の六球団になる。この二リーグ制は一九五〇年にスタートし、この年から各リーグの優勝チーム同士が対戦して日本一を決める日本シリーズ（当初は日本選手権シリーズと呼ばれていた）も開催されるようになる。ただ、この二リーグ制は、わずか数カ月での一リーグ制の分裂としての新リーグの誕生という経緯をたどったために選手の引き抜きやチームのリーグ所属問題などプロ野球界全体に大混乱をもたらしたといわれている。そのために、日本のプロ野球の法的問題を規律するための基本ルールの制定が問題とされることになる。なお、この二リーグ制に伴って、また、後述の野球協約制定後に公式のリーグ戦としての試合に出場できない選手が出現したことから、一九五五年、各球団のファームチーム（セ・リーグおよびパ・リーグの選手権試合への出場選手として登録されていない選手で各球団の保有支配下選手により編成されているチーム、一般には二軍といわれる）のリーグも創設され、セ・パとは別にイースタン・リーグとウエスタン・リーグが結成される。このファームチームのリーグ運営は、イースタン・リーグをセントラル・リーグが、ウエスタン・リーグをパシフィック・リーグがそれぞれ担当している。

2　プロ野球界の憲法とされる日本プロフェッショナル野球協約

協約に基づいて設置される日本プロフェッショナル野球組織

プロ野球の二リーグ分裂後の野球界の混乱は、新規加入球団による選手の引き抜き合戦から始まったといわれる。そこで、その混乱を鎮めるためにはプロ野球界で発生する現実的な法的問題をクリアに規律する協約の制定が必要とされた。そのために、二リーグ分裂の一年後、一九五一年六月二一日、セントラル野球連盟及びその構成球団とパシフィック野球連盟及びその構成球団は、日本プロフェッショナル野球協約（以下、協約とする）を締結して、日本プロフェッショナル野球組織（以下、単に日本プロ野球組織とする）を構成し、日本のプロ野球界を実質的に運営していくことにした。そこでは、協約上、コミッショナーという機関を創設し、コミッショナーは、日本プロ野球組織を代表し、組織を管理・統制する（旧協約八条）とされていた。ここに、プロ野球を統括する団体として日本野球機構と日本プロ野球組織の二つの仕組みが創設・併存することになり、この両者の関係が曖昧なままにされることになる。この点に関しては、長い間、機構が興行面を、組織が協約に則り組織ルール面を分担すると考えられていたが、二〇〇四年の大阪近鉄バッファローズとオリックス・ブルーウェーブの合併から一部オーナーの意見による一リーグ制への移行問題という再度の球界再編問題が発生した際に、日本のプロ野球界の責任の所在の曖昧さ、機構、組織の事態の収拾能力の欠如から批判が殺到し、それを契機にして二〇〇八年から日本プロ野球組織は一般社団法人日本野球機構（NPB）の内部組織として、一元化されるようになる（現協約一条）。現在では、NPBの会長が組織のコミッショナーとなり（現協約五条一項）、コミッショナーは日本プロ野球組織の執行機関とされるようになっている（現協約四条）。

協約の目的

NPBの目的が、その定款三条によって「我が国における野球水準を高め、野球が社会の文化的公共財であることを認識し、これを普及して国民生活の明朗化と文化的教養の向上を図るとともに、野球事業の推進を通してスポーツの発展に寄与し、日本の繁栄と国際親善に貢献すること」とされているのと同時に、その内部組織としての日本プロ野球組織は、「わが国の野球を不朽の国技として社会の文化的公共財とするよう努め、野球の権威及び技術に対する信頼を確保するとともに、わが国におけるプロフェッショナル野球を飛躍的に発展させ、もって世界選手権を争うことに資する」ように努めるものとされている（現協約三条）。NPBも日本プロ野球組織も野球を「文化的公共財」と位置づけ、その発展を目的として設置されているということができる。NPBが野球界全体を視野に入れて、スポーツの発展や国際親善への貢献を掲げていることに対して、日本プロ野球組織は機構の内部組織としてプロ野球に特化したもの、野球協約を執行するものと位置づけられることになる。但し、後でみるように、野球界にはプロとアマチュアとの間に一定の垣根がそびえており、日本プロ野球組織は、まさにプロの野球界の組織として、その頂点に君臨し続けることになっている。その点は、日本プロ野球組織の最高の合議・議決機関であるオーナー会議（現協約一八条一項）が、NPBの法人としての社員総会として位置づけられる（機構定款一二条二項）ことからもうかがい知ることができる。

プロ野球を網羅する協約

この協約は、一九五一年に締結されて発効しているが、セ・パ両リーグ分裂から一年で締結されたため、草案そのものはアメリカのマイナーリーグの協約を直訳する形で作成されたようである。その際には四〇九箇条もあったようであるが、一九七〇年には前年に勃発したいわゆる「黒い霧事件」（選手による八百長事件）を契機に、協約全体の見直しが行われて大改正され、条文も一七六箇条に整備されていった。その後、現在の協約は二〇〇〇年シーズン後に整備されたものをベースに、ほぼ毎年のように見直しが行われ、二〇一七年版が一定の修正のうえ適用されている。それは、「第1章　総則」に始まり、「第2章　コミッショナー」、「第3章　実行委員会」、「第4章　オーナー会議」、「第5章　コミッショナー事務局」、「第5章の2　調査委員会」、「第5章の3　有識者会議」といった日本プロ野球組織の組織機関に関連する条項を定めたうえで、「第6章　参加資格」では日本プロ野球組織への参加球団は資本金1億円以上の日本の株式会社であること（二七条）、試合を行うための専用球場を保有していること（二九条）、新球団の参加手続（三二条、三三条、三五条）や球団合併（三三条）、資格喪失（三四条）といった球団に関連する事項が規定され、「第7章　地域権」ではいわゆるフランチャイズ制といわれる球団の保護地域（三七条～四〇条）やホームゲームの実施（四一条）と保護地域の変更（四二条、四三条）やホームゲームの放映権（四四条）が規定される。このように、まず球団を含めた組織面の規定が置かれた後に、ようやく「第8章　選手契約」が規定され、選手契約を締結したプロ野球選手の地位となる「第9章　保留選手」、「第10章　復帰手続」、「第11章　選手数の制限」、「第12章　参加報酬の制限」、「第13章　選手契約の譲渡」が規定される。それに続けて、いわゆるドラフトといわれる「第14章　選抜会議」、「第15章　新人選手の採用」の内容が規定され、「第16章　審判員と記録員」へと続き、「第17章　試合」となる。野球協約は、それ以外にも「第18章　有害行為」や「第19章　公正な試合確保のための利害関係の禁止」、「第20章　提訴」、「第21章　註補」として不正行為や紛争の裁定手続が定められ、その中でも「コミッショナーは、野球を不朽の国技とし、利益ある産業とする目的を阻害するすべての行為については、この協約に明文上の定めがない場合であっても、これを制裁し、あるいは適当な強制措置をとることができる」（協約一九四条）として、コミッショナーの権限が強化されている。この後は、「第22章　フリーエージェント」で「フリーエージェント規約」による制度の詳細化、「第23章　構造改革の特例」で育成選手制度や研修生制度の新設、「第24章　日本シリーズ出場球団決定試合」でクライマックス・シリーズの存在が規定され、但し、「協約の抜本的な改正」の可能性が二〇八条で規定されている。以上のように、野球協約は、フリーエージェントやクライマックス・シリーズのように内容の具体化を規約に委任しているものもあり、部分改正により欠番となっている条項もあるが、現行のものは全体で二〇九箇条に及ぶプロ野球界全体、つまり組織機関・球団・選手・審判・記録員といった関係者を規律する基本的規範内容になっているといえる。

野球協約の性質

元々、野球協約は、プロ野球界の法的問題を事前にとり決めておくためのプロ野球球団という同業者間の一種の組合契約のようなものと考えられていた。しかし現在は、協約で定められる日本プロ野球組織が一般社団法人日本野球機構の内部機関となっている（機構定款第７章）から、協約自体は日本プロ野球組織の組織・運営等に関する機構の内部規程（同定款四一条三項）と位置づけられることになる。したがって、野球協約の改正は、日本野球機構の理事会の承認を経なければならない（同定款四一条四項）ことになり、理事会は各球団の代表者である理事（同定款二六条二項）によって構成されることから、現実には内部機関である日本プロ野球組織の実行委員会によって行われることになる（協約一二条一項一号）。ここからも分かる通り、日本のプロ野球の組織およびガバナンスは二重構造になっており、一般社団法人日本野球機構が包括的に統括しているが、内部機関としての日本プロ野球組織がその実態は運営しているということができる複雑な仕組みとなる。なお、日本シリーズ、ファーム・日本選手権、フレッシュ・オールスター・ゲームは、日本野球機構が主催し（同八条四項）、野球日本代表の編成・派遣、新人選手選抜会議の主催も日本野球機構によって行われる（これらはコミッショナーによって行われることになるが、コミッショナーは機構の会長でもあることから機構の業務とみなされている）。野球奨励促進事業（機構定款四条一項五）として、ＮＰＢが、選手登録の管理・運営、宮崎フェニックスリーグの運営、各連盟表彰のためのプロ野球コンベンション（近年ではＮＰＢ　ＡＷＡＲＤＳといわれている）の開催などを行っている。さらにそのうえ、二〇一四年一一月七日には、日本プロ野球組織に参加する球団とＮＰＢの共同出資により、日本野球代表（いわゆる侍ジャパン）事業を目的とする株式会社・ＮＰＢエンタープライズが設立され、日本のプロ野球には協約以外のルールがさらに覆いかぶさってくるような状態になっている。

3　野球におけるプロ・アマの関係

複雑怪奇な日本の野球組織

プロ野球のガバナンスの仕組みだけでもNPBと日本プロ野球組織の関係が複雑になるのに、さらにそれに輪をかけて野球界全体を眺めてみれば、より複雑な仕組みで日本の野球界は構成されている（次頁の図参照）。これは、まず日本での野球が心身の鍛錬を中心にした学生野球や社会人野球というアマチュアから始まり、戦後の高度経済成長の始まりまではプロ野球よりもアマチュアの試合に一般の興味が向けられていたという事情に影響されている。一九八〇年代になってようやくプロ野球人気からプロ化へと舵をきる日本のサッカー界の背景事情を考慮すれば、戦後の混乱期はプロよりもアマの野球人気の方がずっと高かったといわれている。春・夏の高校野球の盛り上がりは、まさに日本の野球発展の歴史の名残といえるかもしれない。そのために、学生野球を統括する団体、社会人野球を統括する団体、さらに日本独自の軟式野球（これにプロ・リーグはない）を統括する団体と出発点ではすべてバラバラに存在しており、これに後発団体として日本のプロ野球が発足することになる。現在は、社会人野球を統括する公益財団法人日本野球連盟（この下部団体として各都道府県野球連盟が存在する）、学生野球を統括する公益財団法人日本学生野球協会（この下部組織として公益財団法人全日本大学野球連盟、公益財団法人日本高等学校野球連

野球の組織図

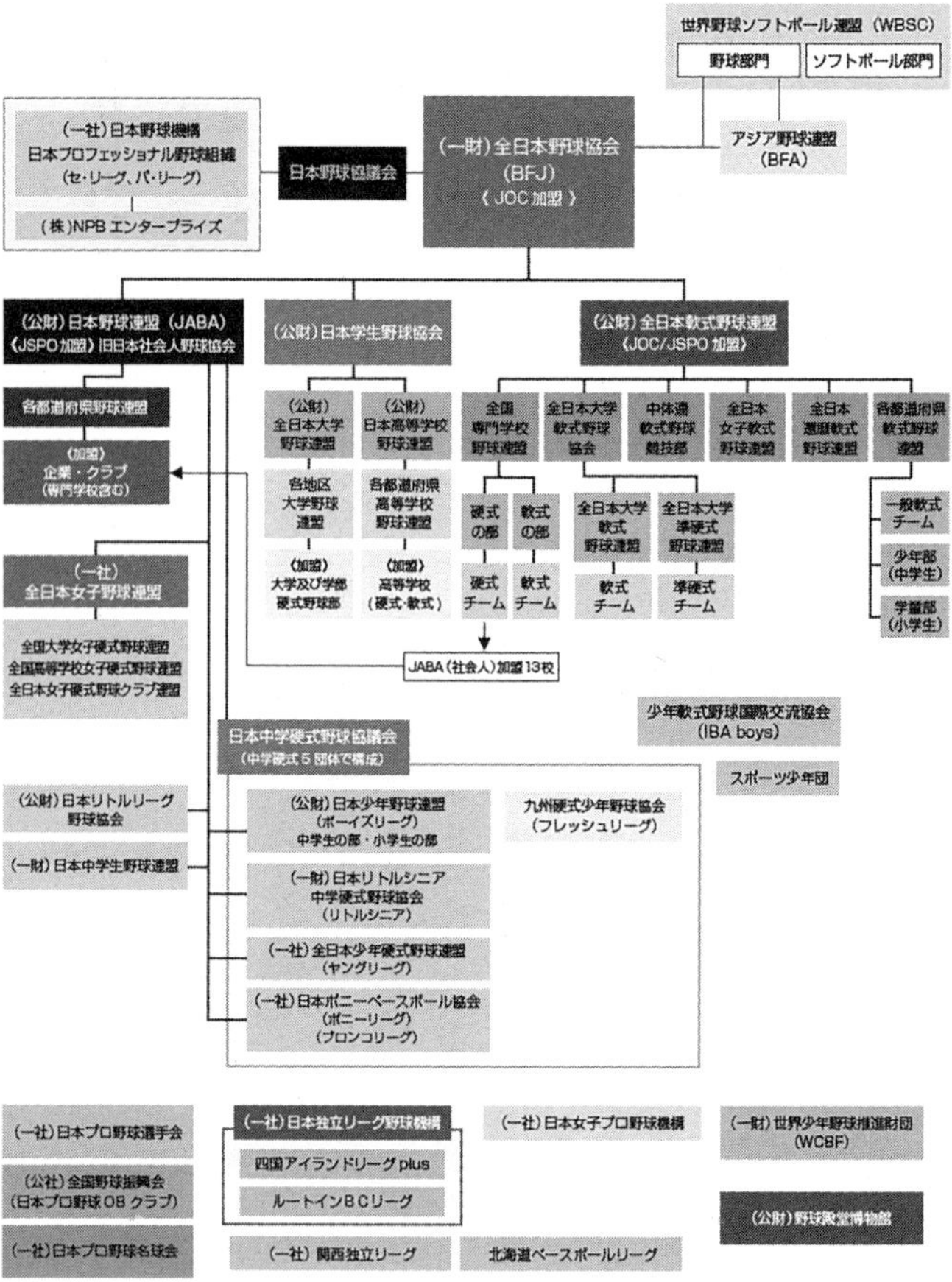

出典：全日本野球協会ホームページ（https://baseballjapan.org/jpn/bfj/organization_japanbaseball.html）

盟が、そしてそれぞれの連盟の下部団体として各地区大学野球連盟、各都道府県高等学校野球連盟が存在する）、軟式野球を統括する公益財団法人全日本軟式野球連盟（この下部組織として全国専門学校野球連盟、全日本大学軟式野球協会、全日本女子軟式野球連盟、各都道府県軟式野球連盟が、全日本軟式野球協会の下部組織として全日本大学軟式野球連盟と全日本準硬式野球連盟が存在している）が存在していて、このアマチュアの三つの団体を統括する頂上組織として一般財団法人全日本野球協会（ＢＦＪ）が存在している。さらにこれに輪をかけて、二〇一四年にはプロの一般社団法人日本独立リーグ野球機構が、二〇〇九年に株式会社として設立されていた日本女子プロ野球機構（ＧＰＢＬ）が一般社団法人と改変され、ますます日本の野球界の仕組みは複雑怪奇になっていったのであった。

プロ・アマの衝突

野球界のプロ・アマ問題は、現在まで統一した組織が形成されず、その根が深いものといわれている。プロ側の日本野球機構とアマ側の社会人野球協会（現在の日本野球連盟）は、選手契約の問題について毎年協定を締結し、秋一〇月に行われる社会人野球日本選手権が終了するまでは社会人野球の選手をプロ球団はスカウトしないように取り決められていた。ただ他方で、二軍選手も含めプロ野球選手は、退団後も一年後でなければ社会人チームに選手登録できず、退団選手の身分保障を考慮したプロ側が「社会人の場合、必ずしも野球をするために入社するわけではない」として改訂を求めていたが、社会人側がこれを拒否したため、プロ側から協定破棄の申立を行ったという経緯がある。一九六一年、この協定のない時代に、中日ドラゴンズが春四月に日本生命の柳川選手と選手契約を締結し、入団発表を行ったことがきっかけになって、社会人野球側がプロ野球との断絶を発表するに至る。さらにこの直後に、やはり中日が夏の甲子園大会の一回戦敗退後に退部届も出していない高校生選手と接触・スカウトする事態が発覚し、当時の日本学生野球協会も大学を含め社会人野球に同調し、学生野球憲章でプロ経験者からの指導を禁じることになった。これは、日本にまだプロ野球がなかった戦前の「野球統制令」が「学生野球の選手はプロ野球のチームと対戦してはならない」という内容をほぼ復活させるようなことになって、野球界におけるプロとアマの確執が始まるのであった。

プロ・アマの確執からの雪解け

一九七〇年代に入ると、プロ野球側の協約の目的にあった野球の世界選手権に日本代表チームも参加することになる。ただ、この時代の世界選手権はアマチュア規定が厳しく、参加・出場選手はプロの経験のない者に限定されていた。そこで、アマチュアだけで構成される社会人野球、大学野球の選手を中心に日本代表チームが編成されるが、一九九〇年代に入るとオリンピック競技として野球が追加され、オリンピック参加・出場選手としてプロも認められるようになると、確執から三〇年を経て徐々にプロ・アマの確執の雪解けの兆しがみられるようになる。まさに時代を象徴したベルリンの壁の崩壊になぞらえて、日本の野球界のプロ・アマの壁の崩壊といわれるのである。一九九九年からは日本野球連盟に届け出ることにより一チーム二名までを条件として元プロ野球選手の社会人野球チーム入りが認められるようになり、二〇〇〇年の第二七回オリンピック・シドニー大会からはプロ・アマ混成チームで野球競技に参加するようになっていった。まさに雪解けであり、さらに二〇一三年、学生野球サイドの提案により、プロ野球経験者が高校野球の指導者になる際に課せられていた教員資格が必須条件ではなくなり、プロ、アマ両方の研修会を受ければ指導者になれるようになり、プロ・アマの壁は撤廃されたのであった。その後、二〇一六年五月一日、ＮＰＢとＢＦＪは、日本の野球界がプロ・アマ一体となって野球の普及・振興を中心に将来を見据えた活動をするために、「二一世紀において、野球が広く国民に愛され、親しまれるために、普及・振興事業の充実をはかり、我が国最大のスポーツ文化としてさらに発展させていくことを目的」にする日本野球協議会という会議体を発足させるまでに至っている。ただ、まだしばしば、プロ側からのアマチュア選手に対する働きかけ（「栄養費」の名目での金品の授与や、強豪校への入学の口利きなど）が問題視されたり、逆に社会人野球ではプロ経験者の登録により安易な戦力補強を行ったり、社会人一筋でやってきた選手の出場機会の減少が問題視されたりするという事態はなくなっていない。このような現象の発生は、とりもなおさず野球界が一体化した組織でまとめられていないという事情による。

4　ビジネスとしてのプロ野球の独自性

かつての球団経営の特徴

日本のプロ野球の創設期からの重大な問題が、球団経営というビジネスとしてのプロ野球の独自性にある。協約上、球団は会社法に基づいて設置される株式会社でなければならない（協約二七条）が、実際には親会社の存在する子会社にすぎない。そのために、球団経営は親会社の経営の一環として行われ、球団の独立性は極めて弱いとされる。球団自体は、親会社の広告塔としての役割を主に担い、どちらかというと非商業主義的傾向を帯びた株式会社との印象を与えていた。つまり、球団は、親会社の営業目的で、例えば新聞の販売網の拡大や鉄道利用客の増加、親会社の販売促進やイメージアップといったことのために利用され、たとえ球団経営が赤字になっても親会社がその分を補填するという形で経営可能になっていた。そのために、戦前から続いている特徴であるが、親会社の経営が苦しくなれば球団は他の親会社に譲渡されるというように、最近は変化もみられるが球団自身が営業努力を怠っても親会社が助けてくれるという状況（球団が親会社の経営を助けるという事態はあまりなかったために、しばしば球団を持つことが親会社のお荷物になるといわれることがしばしばだった）が続いていたのであった。

フランチャイズ制による興行権の保護

球団にとっての大きな収入源は、試合を実施することによる観客の球場への入場料になる。そのために、試合の興行権は他球団と競合を回避するという形で各球団にとって重要事項となる。それが協約第7章で規定されている「地域権」の問題となり、各球団にとっては専用球場のある都道府県単位で保護地域が決められ、興行権が保護されている（協約三八条）。他球団の保護地域では、その書面による承諾なしで主催試合を実施することができない（例えば、兵庫県を保護地域とする阪神タイガースが大阪府で試合を行おうとするときには、大阪府を保護地域とするオリックス・バッファローズの承諾をもらわなければならない。協約三九条）。これは興行権だけでなく、協約上は野球に関する行事その他の利益一般についても妥当する。例えば、東京都を保護地域とする読売ジャイアンツのキャラクターグッズなどを販売する常設店舗を神戸で開設しようとすれば兵庫県を保護地域とする阪神タイガースの承諾が必要になるということである。その結果、連盟選手権試合（いわゆるリーグの公式戦）の入場料や放映権収入は、試合の主催球団（ホームチーム）が総取りすることになり、保護地域の人口が多ければそれだけ球団にとっては利益になり、地方都市を保護地域にする球団にとっては不利になるという結果がかつてみられた（球団間の収入格差）。ただ現在では、全国区の球団は減り、各球団による地域密着推進の努力に

甲子園（兵庫。阪神タイガース本拠地）

よって地方都市を保護地域にする球団であっても大都市圏を保護地域にする球団であっても入場料や放映権収入に大きな差が生じているわけではなく、むしろ東北地方や北海道、九州を保護地域にする球団（楽天や日本ハム、ソフトバンク）の方が、フランチャイズ制をうまく活用しているといわれている（セ・リーグでは広島がその点でうまく保護地域を利用しているとされる）。

一二球団の共同事業？

野球だけでなく、チーム対戦型の集団スポーツは、一つのチームだけで試合が行われるわけではない。そのために、一二球団および二つのリーグで構成される日本プロ野球組織は、プロ野球ビジネスという面で同業者団体となっている。そのために、ビジネスとしての経済活動は、一二球団が協力しあう共同事業になる。そこで、各球団の主催試合数は同じにしなければならないし、始めから結果のわかっているような勝負にならないように支配下登録選手数、試合出場選手数も球団間で同じにしておく必要があり、さらに選手の引き抜きなどを防止する措置や戦力を均衡させ特定球団のひとり勝ちにならないような措置など、それらが協約で規定されることになる（協約第9章や第11章、第13章、第14章）。また、球団間での選手の取扱いに優劣が生じないよう選手契約の内容についても一二球団である程度の統一性を持たせる必要もある。その意味で、プロ野球は、少数球団の利益となるような仕組みで実施されるのではなく、一二の同業者である全球団が共存・共栄できるような仕組みの構築が必要とされる。二〇〇五年から導入されたセ・パ交流戦は、セ・リーグだけが人気・利益を独占しないようにするための方策であったし、報道も人気球団だけに偏るのではなく、公平に情報伝達が行われるように考えていかなければならないといわれることになる。

プロ野球ビジネスの課題とその克服

しかし、二一世紀に入って顕著になっているが、プロ野球の人気そのものが低下している。これは、ファンあってのプロ野球というよりも、特定球団の利益のためだけに運営されていたような観のあるプロ野球の実態が、二〇〇四年の球界再編問題で露呈したことにもよるが、日本社会の人口構成にも影響されてかファンそのものが高齢化していることや、グローバル化に伴って有力選手がアメリカ大リーグに流失していることにも原因がある。さらに、一般市民から見れば想像もつかないような額になった選手報酬の高騰もあり、プロ野球球団の経営の困難さも影響しているのかもしれない。特に、プロ野球中継の視聴率の低下に拍車がかかり、地上波での中継本数が減少すると同時に試合の放映権料が下落し、球団収支が悪化して球団保有の価値が低下して親会社離れが進んでいることもある。そのために、これら一連の問題がプロ野球界全体の、そして特にビジネスとしてのプロ野球の存在自体に大きな課題となってのしかかっている。これを克服するためにはＮＰＢを含め日本プロ野球組織が一体となって地道な野球振興に努めることが一番であるが、各球団は高校野球を見ればわかるように保護地域での地域密着を徹底し、若年層を中心に顧客満足度を高めていくしかないのではないだろうか。その一環として、例えば球団と球場経営の一体化による収益確保やファンサービスの向上・充実、魅力あるキャラクターグッズの販売やテレビのみに依存しない試合中継（ネット配信など）、そこからの収入確保など、親会社に依存しない球団経営の確立が必要とされる。ただ、プロ・スポーツ界において一時期のプロ野球独占状態はもはや存在しない現状では、他の競技に負けない魅力を野球の試合に持たせなければならない。地域密着と共に試合の魅力を高めることで球場に足を運んでくれるファンの数を増やすことがビジネスとして球団が取り組むべき大きな課題になる。というのも、球場に足を運んでくれるファンは、その他のビジネスの展開においても大きな潜在的顧客になるといえるからである。

第八章　日本のプロ野球選手をめぐる問題

1　選手生命の短さ

引退選手の平均年齢の低さ

プロ野球はファンあってのものであるが、そのファンを喜ばせ、ファンを獲得するには野球という競技を魅力あるものにする必要がある。そして、そのために試合をするには各球団は選手を必要とする。毎年夏の甲子園大会が終わるころから次年度シーズンに獲得する新人選手を選択するドラフト指名が話題になるが、同時に秋風が吹くころには球界を去る選手も話題になってくる。但し、引退や自由契約が報道で取り上げてもらえるほどの話題になる選手は一流で有名選手に限定され、ひっそりと球界を去っていく選手も実は毎年多くいる。毎年球界を去る選手は一〇〇名程度おり、その平均年齢はおよそ三〇歳前後、平均在籍年数（選手寿命）は約九年になっている（NPBホームページでは、二〇一九年シーズン後の数値として引退人数は一二七名、平均年齢二八・二歳、平均在籍年数八・二年)。大物有名選手の場合、最近では四〇歳近く(あるいはそれを超える年齢)まで現役を続けている選手もいるが、そのような例は限られており、一般にプロ野球選手の寿命は短いとされている。これは誰でもそうであるが、働いて報酬を受け取るためには、雇ってくれる相手方が必要になる。プロ野球選手でいるためには球団に選手契約を締結してもらわなければならないという点は一般の場合と変わりはないが、それにしては実働期間が短く、若くして職を失うという顕著な特徴がプロ野球には見られるのである。

解雇は球団の判断

球界を去る選手の多くは、球団から次年度の選手契約を締結せず、球団が支配下選手としない旨の通知を受けた、いわゆる自由契約選手とされることになる。このような自由契約選手としてコミッショナーが公示すれば、当該選手はどの球団とも自由に選手契約を締結することができる(協約五八条)が、どの球団からもオファーがなければ、選手自身の意思ではなく、選手本人の意思とは無関係に、球団の不必要(戦力外)との判断だけで球界を去ることを余儀なくされる。まさに解雇というわけである。マスコミが「球団に貢献した選手の解雇」という見出しで報道するような、長年レギュラーで試合に出場していたが、年齢の関係で技術・体力が衰え、他の若い選手にポジションを奪われたが故に自由契約とされる選手もいるが、自由契約選手の多くは、夢を持ってプロ野球界に入ったものの芽が出ず、才能を発揮しきれずに球界を去らなければならない者になる。この戦力外通知は、一一月までに一般には行われ、戦力外通知を受けてもそれが不本意で、プロ野球選手であり続けたいと願う自由契約選手は、二〇〇一年からプロ野球選手会の要望で始まった一二球団合同トライアウトに参加し、他球団からのオファーを待つこともあるが、この場合でも、一度前の所属球団から戦力外になった選手を必要としてくれる球団が現れることはまれで、十分な選手再雇用の場として機能しているのかは現在のところ不明である。

本人の意思での引退　選手本人が引退を希望することによって球界を去る方法もある。それが任意引退制度であり、この場合、選手自身が、所属球団に対し引退したい理由を記入した申請書を提出し、球団は、当該選手が提出した申請書に球団としての意見書を添付して、コミッショナーに提出してその判断を仰ぐことになる。そして、コミッショナーがその選手の引退が正当なものであると判断する場合、その選手の引退申請は受理され、任意引退選手として公示されることになる（協約五九条一項）。但し、任意引退選手として公示されても、当該選手の保留権は所属球団にあり、外国のいかなるプロ野球組織の球団をも含め、他の球団と選手契約に関する交渉を行い、または他の球団のために試合あるいは合同練習等、全ての野球活動をすることは禁止される（同六八条二項）。そのうえ、球界への復帰を希望する場合は引退時点での所属球団に復帰しなければならない（同七八条一項）。この本人の意思による引退の場合も、引退後の選手の身分に関しては引退前の所属球団の判断に委ねられ続けることになる。結局、プロ野球選手は、一旦球界に身を委ねたら、選手契約を締結した球団の判断にその後の全人格的な人生が委ねられてしまうという運命にあるといっても過言ではない。

2　立場の弱いプロ野球選手

プロ野球選手の労働市場

日本プロ野球組織では、各球団のチーム力の均衡を図るために各球団への選手の所属について協約上様々な制約と規制が存在する。まず、選手の入団については、NPBによって開催される（協約上はコミッショナーが開催することになっている。協約一二五条一項）新人選手選択会議と呼ばれる会議（いわゆるドラフト会議）で球団が選手契約締結を希望する選手を指名し、その交渉権を獲得しなければならない（協約一三三条、新人選手選択会議規約二条）。かつてはドラフト外での新人選手獲得も可能であったが、現在は、日本人選手に関する限りドラフト会議で指名し、交渉権を獲得した選手とだけ各球団は選手契約を結ぶことができる。また、指名が複数球団で競合した場合には、くじによる抽選によって交渉権獲得球団が決定される。日本プロ野球組織のメンバーであるプロ野球球団に所属したことがなく、外国のプロ野球球団に所属していた日本人選手は、新人選手としてドラフト対象選手となり、ドラフトで指名されない限り日本のプロ野球界（独立リーグは除く）にプロ野球選手として参加することはできない。さらに、ドラフトで指名されて特定球団と選手契約を締結し、支配下選手となった者は、球団が当該選手を必要とする限り、当該球団に一方的に拘束されることになる。このようなシステムの下で、日本のプロ野球選手の労働市場は自由市場ではないという特徴を持つ。自由市場になるのは、球団から戦力外通告を受けて自由契約になった選手か、フリーエージェント規約に基づいてFA資格を取得し、NPB組織のいずれの球団（海外FA資格の場合は国内外すべての球団）とも選手契約を締結できる権利を獲得した選手に関してのみになる。

選手契約の特殊性　プロ野球選手として特定球団と選手契約を締結する場合でも、この選手契約には契約自由の原則は妥当していない。選手は、必ず協約で定められた統一契約書によってしか選手契約を締結できない（協約四五条）。この統一契約書の条項は、参加報酬（いわゆる年俸）以外についての条項は日本プロ野球組織の実行委員会によって決定されており、選手だけでなく球団によっても変更することができず、例外的に協約や統一契約書の条項に違反しない限りで特約条項の賦課が許されるだけになっている（同四七条。なお違反する特約条項は無効になる。同四八条）。契約期間は契約年度の単年度で、参加報酬は当該年度の二月一日から一一月三〇日までの間のものとされている。近年は、特約条項として契約期間を複数年とすることができるようになっているが、それが認められるのは球団との交渉において認められる例外的な選手に対してだけとなっている。このような選手契約は、当事者が契約条件を自由に変更・決定できない附合契約とされている（要するに契約条件を当事者が承諾するだけの契約で、条件を承諾できない場合には契約は成立しないようなもの）。この統一契約書の条件の中には、「野球本来の稼働のほか、球団および日本プロフェッショナル野球組織の行なう振興活動に協力すること」（統一契約書一五条）や球団の指示する「写真、映画、テレビジョンに撮影され」、そのような「写真出演等にかんする肖像権、著作権等のすべてが球団に属」し、「球団が宣伝目的のためにいかなる方法でそれらを利用しても、異議を申し立てないこと」および球団の承諾なく「公衆の面前に出演し、ラジオ、テレビジョンのプログラムに参加し、写真の撮影を認め、新聞雑誌の記事を書き、これを後援し、また商品の広告に関与しないこと」（統一契約書一六条）が選手に義務づけるものとして含まれている。

そしてこの選手契約は、球団職員と選手が対面で締結しなければならないとされている（協約五〇条）。

プロ選手となるには契約締結だけではない

選手契約が締結されたら即座にプロ野球選手になったといえるのかというと、そうではない。選手契約を締結した球団は、コミッショナーに統一契約書を提出し、その年度の選手契約の承認を申請しなければならず、コミッショナーが選手契約を承認したときは、契約承認番号を登録し、その選手がその球団の支配下選手になったことをただちに公示される（協約五二条）ことによってはじめて選手契約の効力が発生し、当該選手はプロ野球選手として試合に出場できるようになるのである（協約五三条）。要するに、選手がプロとして野球競技に従事するためには、選手契約を球団と締結したうえで、コミッショナーによって当該契約が承認・公示されてようやく可能になるということである。一般に選手契約が締結されればプロ野球選手になったかのように扱われるが、実際にプロ野球選手として試合に出場したり、様々な関連活動に参加するためには、コミッショナー（実際には日本プロ野球組織の上部団体としてのNPB）によって契約が承認され、プロ野球選手であると公示されなければならない。このように、日本のプロ野球の仕組みは、選手―球団―NPBという三段階構造で構成されている（但し、組織上は球団―日本プロ野球組織―NPBの三段階構造。後述のようにプロ・サッカー選手の場合もクラブ―Jリーグ―JFAの三段階構造）。

不安定な選手の地位（トレードの問題）

球団は毎年一一月三〇日以前に、コミッショナーへその年度の支配下選手のうち次年度選手契約締結の権利を保留する選手（以下、「契約保留選手」という）を記した保留選手名簿を提出しなければならない（協約六六条一項）。そして、この名簿に登載された契約保留選手は、外国のいかなるプロ野球組織の球団をも含め、他の球団と選手契約に関する交渉を行い、または他の球団のために試合あるいは合同練習等、全ての野球活動をすることは禁止される（同六八条二項）。これはプロ野球選手の保留制度といわれ、一度選手契約を締結したら選手はＦＡ資格を取得するか、戦力外になって自由契約にならない限り所属球団に拘束されるという日本のプロ野球界独特な仕組みとなっている。この保留制度は、選手引き抜きなどの予防措置とされているが、そこから派生する選手の地位の不安定さを最も顕著に示すのが、選手契約の譲渡（いわゆるトレード）になる。日本のプロ野球では、選手のレンタル（貸与）移籍は禁止されており（同一〇七条）、選手が球団間を渡り歩く方法はトレードしかない。このトレードも所属球団の意思によって決定され、選手が自分でトレードを申し出ることはできない。申し出たとしてもそれをうけて、所属球団が選手契約の他球団への譲渡を容認する以外に選手が勝手に移籍することはできない。球団は、その保有する選手との現存する選手契約を参稼期間中、又は保留期間中に、他の球団に譲渡することができ、選手契約が譲渡された場合、契約に関する球団の権利義務は譲り受け球団に譲渡されることになる（同一〇五条）。そして、選手は、選手契約が参稼期間中又は契約保留期間中に、他の球団に譲渡されることを、統一契約書において、予め同意しなければならない（同一〇六条、統一契約書二一条）。したがって、保留期間中、選手は、プロであろうとするならば所属球団から打診される他の球団へのトレードを受け入れるしかなく、ある日突然（といってもトレード期間は毎年シーズン終了の翌日から翌年の七月三一日までとされている。協約一〇八条）、シーズン中であってもトレードを言い渡されたならば、選手はそれに従う以外に方法は残されていない。プロは力の社会であるから、先に示したように、選手寿命は短く、また戦力の入れ替わりも活発に行われるために、意に反する選手契約の譲渡の場合、それを拒否することは即引退という事態になる。

選手契約の性質

トレードは「選手契約の譲渡」という名称で示されている通り、日本では選手を商品として球団間で売買しているような印象を提起する。そして、現所属球団に貢献していたにもかかわらず年棒要求が高騰し、あるいは扱いにくくなった、または何らかの不祥事で球団のイメージを損ねたような選手は、他球団にトレードで放出されたかのような様相を呈することがある。出場機会が減少する選手が他球団に求められて新天地に異動するという感覚ではとらえられていない。まさに涙を流してのトレードという印象が日本の場合強い。ここで選手が球団の言いなりにならざるを得ないような身分しか認められていない根源的な原因は、保留選手制度を含めた選手契約の性質にある。一般に、プロ野球選手と球団との間で締結される日本の選手契約は、選手を球団の労働者とする雇用契約ではなく一種の請負契約だとされている（アメリカ大リーグの選手契約は労務の提供者として球団が選手を雇用する契約とされ、雇用契約と考えられている）。というのも、それは選手が「特殊技能による稼働を球団のために行なうこと」を目的（統一契約書二条）として締結され、選手には単年度で二月一日から一一月三〇日までの間の稼働にたいする参稼報酬として年棒が支払われることから参加報酬（年棒）は賃金ではなく、選手は球団の職員ではないという点から一種の請負契約だとされるのであるが、これに対して、選手契約は「当事者の一方が相手方に対して労働に従事することを約し、相手方がこれに対してその報酬を与えることを約する」（民法六二三条）もので、雇用契約ではないかという見解も存在している。しかし、雇用契約であるとするならば、「使用者は、労働者の承諾を得なければ、その権利を第三者に譲り渡すことができない」（民法六二五条一項）とされていることから、現行のプロ野球協約や統一契約書にあるような選手に事前かつ包括的な形式で契約の譲渡を承認させるようなトレードは認められないことになる。しかし、統一契約書において、年棒とされる参加報酬とは別に消費税及び地方消費税の金額欄も付記されており（統一契約書三条）、球団が選手に支払う参加報酬（年棒）は給与ではなく事業所得と暗にされていることからしても、税法上、選手は労働者ではなく事業主となっているような体裁をとっている。この点も、選手契約は雇用契約ではないとされる一因となっている。選手が労働者ではなく個人事業者であるならば、労働基準法は適用されず、その労働者としての権利は保障されないことが、プロ野球選手の球団や日本プロ野球組織（さらにはその上部団体であるＮＰＢ）に対して弱い立場に置かれていることの説明とされるのであった。

外国人選手の特例

日本高等学校野球連盟加盟の高校に通算三年以上在籍する者、全日本大学野球連盟加盟の大学・団体に継続して四年以上在籍する者、日本に五年以上居住し、かつ日本野球連盟に所属するチームに通算三年（シーズン）以上在籍した者などで日本国籍以外の国籍を持つ者は日本人と同じ扱いを受ける選手となるため（協約八二条）、ドラフトで指名されなければ日本プロ野球組織の球団に入団することができない。しかしその他の外国籍の選手は外国人選手として取り扱われ、当該選手所属の各国野球組織のルールに従い、日本の球団と交渉可能な場合には自由競争として球団は選手獲得に動くことができる。アメリカ大リーグの選手に関しては、「日米間選手契約に関する協定」に基づき当該選手についての身分照会を日本のコミッショナー事務局を通じて行ったうえで、メジャー球団の承認の下でか、選手契約がない場合にのみ、日本の球団は当該選手と交渉することができる。韓国の場合も同じようなもので、韓国でＦＡ資格を取るか選手契約期間を満了して支配下選手でない場合でなければ、日本の球団は当該選手と交渉することはできない。また、日本プロ野球組織でＦＡ資格を取れば、その外国人選手も日本人選手と同じ扱いを受ける。ただ、外国人選手であっても球団と選手契約を締結し、ＮＰＢによって球団支配下選手として公示されなければならない点は日本人選手と同じであるが、各球団が支配下選手として保有しうる外国人選手の数に制限はない（日本人を含めて一球団の全支配下選手数は七〇人。協約六六条二項）が、一軍の試合に出場できる登録選手数は外国人の場合四名以内で、野手、投手として同時に登録できるのはそれぞれ三名以内とされている（同八二条の二）。かなり外国人選手の地位も日本人選手のそれに近づいてきているが、多くの契約内容をサイドレターとして契約書に付したり、保有選手としての地位の流動性など日本人選手よりも良好な状態は残っている。また、外国人選手を「助っ人」と呼び、日本プロ野球選手会のメンバーになれないなど日本人選手と区別する習わしのようなものも日本のプロ野球界にはみられる。

3　選手の団結権の行使としての日本プロ野球選手会

球団経営者と対等な立場の要求

日本のプロ野球選手は、上記の通り、一度選手契約を締結すると、プロであろうとするならば所属球団およびその上部団体である日本プロ野球組織（さらにその上部団体であるＮＰＢ）の言いなりにならざるを得ない立場に置かれる。しかし、日本国憲法が制定されて選手も個人として尊重されなければならないこと（憲法一三条）や通常の労使関係において労働基本権が保障される（同二八条）ようになってからは、経営者と選手は対等な関係が構築されなければならないと考えられるようになるのも自然な成り行きである。そこで、戦後、一九四七年には、経営者と選手の対等関係を約し、選手の人権保障を謳うプロ野球憲章が宣言されたが、その後も選手の待遇は必ずしも改善されず、その地位も不安定なままにされていた。特に一九五七年のコミッショナーによる説明では「選手は個人事業者であって給料の支払いを受ける労働者ではない」として、選手会の労働組合化には否定的な見解が示されていた。しかしその後、特定の選手に対する不当解雇等の問題が表面化し、選手の地位向上、待遇改善のためには選手が団結して経営者との対等関係を構築するために労働組合を結成するしかないと考え、一九八〇年に一二球団において個別に存在していた球団選手会を一体化して、野球教室を開催するなどの野球の発展のための活動をする社団法人として立ち上げた日本プロ野球選手会を、一九八四年、労働組合日本プロ野球選手会としても発足させるに至った。ただこの段階では、労働組合といってもまだ正式に認定されたわけではなく、労働組合法外の組織として起ち上がっていたにすぎなかった。

労働組合日本プロ野球選手会の誕生

その後、一九八五年九月には、東京都地方労働委員会に組合資格の審査請求を行い、同年一一月には東京都地方労働委員会により正式に労働組合として認定され、法人登記をすることによって労働組合日本プロ野球選手会が発足することになった。この点で、労働基準法上、労働者とは「職業の種類を問わず、事業又は事務所（以下「事業」という。）に使用される者で、賃金を支払われる者」（労基法九条）とされ、選手は事業所の使用人ではなく、選手の年棒は賃金とは異なる（毎月定額が付与される給与ではなく、期限の限定された参加報酬であるという意味で）という観点から労働者性が否定されるのに対して、労働組合法では労働者とは「職業の種類を問わず、賃金、給料その他これに準ずる収入によって生活する者」（労組法三条）とされ、プロ野球選手もこの意味での労働者には該当すると考えられて、労働者として選手は団結することができるとされたことによる。この結果、日本プロ野球選手会は、労働組合としてNPBと団体交渉権を獲得し、さらに争議権（いわゆるストをする権利）が認められるようになる。この点は、二〇〇四年、近鉄とオリックスの合併に端を発する球界再編問題で、選手会側が球団合併とリーグ再編は選手契約に関わる重要案件であることを理由にオーナー側と話し合いたい旨の団体交渉の申し入れをしたにもかかわらず、「たかが選手が」としてそれを拒否し続けた日本プロ野球組織側の対応に腹を立てた選手会側は、ついに同年九月一八日・一九日の二日間にわたって日本プロ野球史上初のストライキを決行した。ただその後、選手会側がファンを味方につけ、それを背景として行われた両者の団体交渉によって、球団合併を選手会側が承認しつつ、球団の新規参入の促進をはじめとして一リーグ制移行は見送るなどの合意を得ることとなり、労働組合としての日本プロ野球選手会の立場が見事に発揮されることになった。なお、この球界再編問題をきっかけに、現在はプロ野球構造改革協議会を設置して、選手会とNPBの間でのプロ野球界の課題の解決のための協議の場が設けられている。これも、前述の団体交渉の合意の内容に含まれていた。

日本プロ野球選手会とは？

しかし、労働組合としてだけ日本プロ野球選手会が存在しているわけではない。労働組合として認定される以前から、社団法人として日本プロ野球選手会が存在していたのは前述の通りである。そのために、現在、日本プロ野球選手会は、NPBに参加しているプロ野球球団所属の日本人選手を原則として全員会員とする団体として存在しているが、団体の性格に併せて労働組合と一般社団法人（二〇一二年に社団法人から移行）の二法人が登記されている。ただ、両者は日本プロ野球選手会として実質的には同一会員による同一組織で、同一団体が制度上二つの形態を有するものとなっているにすぎない。労働組合は、選手の待遇改善や地位向上などの要求に基づいて団結し、団体交渉を行う団体として、一般社団法人は、野球教室を全国各地で行うなど野球全体の発展を目的とする社会活動を行う団体として区別されている。なお、選手兼任監督は、監督が管理職として扱われるために、労働組合からは脱退し、一般社団法人の会員としてのみ残ることになる（但しコーチ兼任はこの限りでない）。そのこととも関連してか、一応、日本プロ野球選手会は、二つの組織・団体との形態をとるために、労働組合としての会長と、一般社団法人としての理事長は別の人物により担われている。現在（二〇二一年三月）の段階では、労働組合の選手会長は読売ジャイアンツの炭谷銀仁朗選手が、一般社団法人の理事長はソフトバンク・ホークスの松田宣浩選手が、それぞれ務めている。そして、日本プロ野球選手会は、会員であるプロ野球選手の地位の向上のための諸活動にとどまらず、むしろプロ野球発展の一翼を担う存在として、プロ野球の未来を考え、将来のプロ野球選手候補である少年たちの憧れの場であり続けるためには何をすべきかを議論し、実現に向けて活動するということを重要視している（日本プロ野球選手会ホームページの記載事項を参照）。その結果、労働組合としての選手の地位向上だけでなく、若年者のための野球教室や各種チャリティー活動など公益的な活動にも精力的に取り組んでいくことで、文化的公共財としての野球という競技の発展に寄与していく団体として存在しているということができるのであった。

以上みてきたように、プロ野球選手は、問題となる事例・適用法令によって必ずしも統一された法的地位を確約されているわけではない。

選手のセカンド・キャリアは？

税法上は個人事業者とされ、収入は事業所得とみなされ、労働基準法上は労働者ではなく個人事業者と取り扱われ、同一行為・同一賃金の原則は当てはまらず、但し、労働組合法上は労働者とみなされ、選手会が労働組合として団結権・団体交渉権・争議権を認められることになる。では、プロ野球選手が球界を去るに際してそのセカンド・キャリアはどうなるのかという点が問題として残る。しばしば引退後の選手の生活はひどいことになると指摘されたりするが、それは、選手が野球一筋で生きてきたために世の中の仕組み一般に無知であることに起因するのかもしれない。したがって、野球人生よりも長い時間を過ごさなければならない引退後の選手のセカンド・キャリアに対するバックアップが当然必要とされる。一般に、自由契約となった選手のその後については、所属球団が再就職先をあっせんしたり、球団職員として雇用したりという方法で、第二の人生が始まることになる（二〇一九年シーズン終了後の現役引退選手のその後については、全一二七名のうち球団職員や独立リーグへの転身、野球解説者などの野球関係に進んだ者が九八名、一般企業に就職した者が一七名、進学その他が三名、不明が九名になっている。ＮＰＢホームページより）。この引退・自由契約選手のセカンド・キャリア支援については、野球選手などの職業紹介の実施を事業内容の一つにするＮＰＢの役割（機構定款四条一項七号）ということになるが、一般社団法人日本プロ野球選手会も「プロ野球選手のセカンド・キャリア形成支援」活動を行っており、若くして球界を去ることになった者には、特待生として大学入学が可能なようにする協定を締結したりしている（例えば、二〇二一年一月には新潟産業大学と「プロ野球選手のセカンド・キャリアに係る特待生制度」に関する協定を締結している）。その他、セカンド・キャリアに関するわけではないが、様々な選手個人、あるいは選手会による社会貢献活動も行われており、それらはしばしばＮＰＢによっても支援されている。ここにも、まだ必ずしも十分とはいえないが、選手会が労働組合とされたことによるＮＰＢとの関係改善、選手の地位向上の例が現れることになる。

第九章　二番煎じにはならなかった日本のプロ・サッカー

1　日本のサッカーの歴史

英国人により持ち込まれた外来文化

日本のサッカーの歴史は野球よりも長いといわれる。その伝来は、明治維新より以前の一八六六（慶応二）年という説もあれば、明治維新直後の一八七二年という説もある。いずれにせよ、日本へのサッカーの伝来は、サッカーというスポーツの母国である英国より外国との交易の中心であった港湾都市・神戸や横浜に持ち込まれたとされる。元々、日本にはサッカーとは全く違うが球を蹴るという蹴鞠という貴族文化として行われていた運動はあったが、同じく球を蹴るスポーツとしてのサッカーは、日本の近代化を進める明治政府によって馴染みのあった蹴鞠によく似たものとして富国強兵政策の一環としての大日本帝国臣民の健康な身体の維持を目的にする外来文化として持ち込まれたのであった。

意外にも近畿が先進地

同じく外来文化であった野球が日本では旧制一高（現東京大学）や早稲田大学、早慶戦で人気を博したことから東京を中心に広がっていったのとは異なって、サッカーは、学校教育における体育の一種目としての広がりを目して教員養成のための師範学校、特に港湾都市・神戸の御影師範学校（現神戸大学）で受容されたことが重要とされている（一八八九年に初めて日本人だけのサッカーチームを創設することになる）。その結果として、明治期のサッカーは、学校教育における体育実技の種目として、大日本帝国臣民の身体の強化のために利用されるようになるに伴い、神戸や大阪を中心に近畿地方で広がっていくのである。そのため、日本でのサッカーの競技大会も一九一七年に近畿地方の師範学校を中心に近畿蹴球大会が開催されたのが始まりとなる。ただこの同じ年、東京高等師範学校（現筑波大学）が東京で開催された第三回極東選手権競技大会のサッカー競技に出場し、これが、初めて日本を代表するチームが国際試合を行った事例とされるが、中国・フィリピンに負けてしまい、関東方面ではサッカーが普及してはいたが野球ほどには関心が高まらなかった。この師範学校でのサッカーの広がりは、まさに学校教育の体育の一種目として若年層のサッカーの普及にも貢献し、当時の中等学校でのサッカー競技の広がりから野球に遅れること三年、一九一八年、大阪の豊中グランドで第一回日本フットボール優勝大会（主催は大阪毎日新聞社）が実施された。これが現在の全国高等学校サッカー選手権大会の始まりになる。ただ、この段階では全国の中等学校だけでなく、大学や旧制高校も参加が認められていたが、慶應義塾が棄権したため結果的にサッカーへの関心が高かった関西地区のチームのみの大会となった。但し、その名称が「全国」であったことから、一応、その後参加校は広く日本一円の全国大会として開催されていく。

意外と早い組織の設立

大会が実施されてもしばらくはそれを統括する団体は存在しなかった。やがて、一九二一年、現在の日本サッカー協会（ＪＦＡ）の前身である大日本蹴球協会が創設され、また現在の天皇杯全日本サッカー選手権大会の前身でもあるア式蹴球全国優勝競技会（当時、サッカーは英国の影響からか蹴球・アソシエーション式フットボールと呼ばれていたために同じく蹴球・ラグビー・フットボールと区別するためにアソシエーションと呼ばれ、サッカー大会はア式蹴球大会とされていた）が開催されるなど、現在の日本のサッカーの基礎を形作るとも言える組織や大会も登場するようになっていった。ただ、このサッカー黎明期の中心となるのは、大会での活躍が御影蹴球団や全御影師範クラブ、神戸一中クラブ、京都帝国大学、関学クラブであったことからも分かる通り（但し、第一回ア式蹴球全国優勝競技会の優勝チームは東京蹴球団であり、御影蹴球団は準優勝になる）、日本におけるサッカー先進地域の近畿地方でサッカー熱は高かったといえる。

最初からグローバルなサッカー

日本のサッカーの試合は、一八八八年に英国人などの外国人を中心メンバーとするクラブチームでの試合が神戸旧居留地で行われ、その後、それが学校教育を通じて日本人チームへと広がっていくことになることからも分かる通り、サッカーというスポーツ競技そのものが、その出発点からグローバル化の中で普及していくことになる。一九二一年の大日本蹴球協会の設立も、一九一九年にイングランド・サッカー協会（FA）からFAシルバーカップ（銀杯と呼ばれる）が寄贈されたことを契機にしている（この銀杯の授与は一九〇二年の日英同盟締結の結果としての同盟国・大日本帝国にイングランドが贈ったとされている）。また、この大日本蹴球協会は、一九二九年には国際サッカー連盟（FIFA）に加盟しているし、一九三六年には第一一回オリンピック・ベルリン大会に初めて日本代表チームが参加してスウェーデン代表に勝利するベルリンの奇跡をおこしている。さらにそれ以前にも、一九二三年に大阪で行われた第六回極東選手権でのサッカーの試合は日本での初めての国際Aマッチと認定されているし、一九二七年の上海で行われた第八回極東選手権では、日本代表がフィリピンに勝利し、これが日本代表チームの国際大会での初めての勝利とされている。このように、アメリカから大リーグ選抜チームを招聘して試合を行うことで広まった野球とは異なり、日本のサッカーは、出発点からすでに国内の全国大会を中心にするよりも、アジアあるいは世界大会を目指しグローバルに展開されることを前提に普及していったといえる。そのために、第二次世界大戦中には国際関係の断絶からＦＩＦＡを除名され、また敵性文化の象徴として日本国内での試合は禁止されていたこと、大日本蹴球協会が大日本体育会（現日本スポーツ協会）に吸収され、その蹴球部会となって銀杯が戦時供出されたことや、戦後一九四五年一一月にＦＩＦＡに日本のサッカー組織（この段階では大日本蹴球協会は消滅しており大日本体育会蹴球部会となっていた）が復帰しようとしたものの会費が払えずに資格停止処分を受けるような事態は、グローバルなスポーツの象徴といえる日本のサッカーにとっては残念なことだったといえる。ただ、このような時期は長く続かず、一九四七年には日本蹴球協会と改名したうえで日本のサッカー組織が復活し、それが一九五〇年九月にはＦＩＦＡに再加盟することになる。そして、一九五三年には、戦後の厳しい状況の中で、日本学生選抜チームが当時の西ドイツで開催された国際大学スポーツ週間（のちのユニバーシアード）に参加して、一〇カ国中四位の成績を収めると共に、翌一九五四年にはＦＩＦＡスイス・ワールドカップ大会の地域予選に日本代表チームが初めて参加する（但し、この大会では中華民国（台湾）が棄権し、韓国に一分一敗で本大会には出場できなかった）。

アジアサッカー連盟（ＡＦＣ）の創設

日本サッカーのグローバル化は、第二次世界大戦後、世界平和を願うＦＩＦＡの地域サッカー連盟創設の思惑に対応する形で、ＦＩＦＡへの再加盟を認められた日本蹴球協会は、アフガニスタン、ミャンマー、台湾、香港、インド、インドネシア、日本、韓国、パキスタン、フィリピン、シンガポール、ベトナムのアジア一二カ国と共に、一九五四年五月にアジアサッカー連盟（AFC）を創設する（当初はイスラエルも関与していたが、中東諸国への政治的配慮からイスラエルを排除し、現在もイスラエルはAFCメンバー国になっていない）。これは翌月に設立されるヨーロッパサッカー連盟（UEFA）よりも早くなる。そのうえで、一九五二年に発効するサンフランシスコ講和条約から二年後の一九五四年一〇月に日本蹴球協会はAFCに加盟し、まずはアジアで、同時にサッカーという競技で戦後の国際社会に頭角を示していくことになる。

2　日本のサッカー界を一本化して統括するJFA

日本蹴球協会の低迷期

一九六〇年の第一七回オリンピック・ローマ大会にも日本代表チームは出場するが予選で敗退し、その後、一九六四年の第一八回オリンピック・東京大会に向けてやがて「日本サッカーの父」と呼ばれるようになるデットマール・クラマー（Detmar Cramer）を当時の西ドイツから日本代表チーム初の外国人コーチとして招聘し、その強化を図ることになる。その結果、東京大会では予選を突破してベスト八に進出するが、その年に任期の切れたクラマーは帰国し、帰国に際して彼は、日本サッカーの強化についての五つの提言を残すことになる。その一つであった「強いチーム同士が戦うリーグ戦創設」をうけて、オリンピックの翌年の一九六五年には日本初の全国リーグとなる日本サッカーリーグ（ＪＳＬ）が開幕することになる。そのおかげもあって、クラマーの育てた選手・コーチを中心に構成された日本代表チームは、一九六八年の第一九回オリンピック・メキシコ大会でアジア勢初のメダルとなる銅メダルを獲得し（三位決定戦で開催国メキシコを破り三位になると同時に、日本代表チームの釜本邦茂選手が得点王にも輝く）、ＦＩＦＡのフェアプレイ賞なども受賞することになる。ただ、その後は日本のサッカー人気は野球に押されて低迷し、なかなか日の目を見る状態にはならなかった。

日本サッカーリーグ（ＪＳＬ）の開催

前述の通り、日本のサッカーチームの強化のために残したクラマーの提言を受けて、一九六五年、日本蹴球協会は、サッカーの試合機会の増大とパターン化により全体のレベルを上げて行くことを目的に日本サッカーリーグ（ＪＳＬ）を開幕させる。その運営は、日本蹴球協会の内部に置かれた下部組織としての独立性を持った機構によって実施されていた。このＪＳＬは、古川電気工業、日立製作所、三菱重工業、豊田自動織機製作所、名古屋相互銀行、ヤンマーディーゼル、東洋工業、八幡製鉄の八チームの参加によって開始されたアマチュア競技で全国レベルの初のリーグ戦といわれ、これが後のバレーボール、バスケットボール、ラグビーの全国リーグ立ち上げに際して影響を与えたといわれることになる。このリーグ開幕当初は、社業に影響がないように純粋なアマチュア主義の確立を目指していた。そのために、当初からある程度の練習施設を確保しているチームは地方に多く、特に工場内に練習場を確保していた（広島をホームタウンとする）東洋工業（マツダ）が開幕年の一九六五年から一九六八年にかけてリーグ四連覇を達成するというように、当時、練習場所の確保が難しかった首都圏のチームよりも首都圏以外のチームが優勢となっていたが、やがて首都圏のチームも地方にならって練習施設の充実を図るようになっていった。この傾向がやがて逆輸入の形で地方にも広がっていき、サッカー先進地域であった近畿地方からは田辺製薬や松下電器産業（現在のパナソニック）、電電公社近畿や大阪ガス（以上が大阪府）、川崎製鉄（神戸）などが加盟すると共に、トヨタ自動車（名古屋）、永大産業（山口）、日産自動車（横浜）、ヤマハ発動機（静岡）、本田技研工業（静岡）、日本軽金属（静岡）、藤枝市役所（静岡）、住友金属（茨城）、全日空（横浜）、大塚製薬（徳島）などの企業・実業団チームが加盟して、加盟チームだけをとっても、当時人気を博していたプロ野球よりも地域的広がりを持つと共に、リーグ戦もＪＳＬ１部（当初八チームから最終的には一二チーム）とＪＳＬ２部（当初一〇チームが最終的には一六チーム）に分かれる二部制で展開されていたのであった。

財団法人日本サッカー協会への改組

日本のサッカー界を取りまとめていた日本蹴球協会は、戦前の一九二一年に設立された大日本蹴球協會を前身とする組織であったが、それは創設から半世紀にわたって任意団体として存在していたにすぎなかった。さらに、戦前から用いられていた蹴球という呼び名はサッカーとして一般化していったことも手伝って、任意団体としての日本蹴球協会では時代にそぐわないのではないかと考えられるようになる。そこで、一九七四年、日本蹴球協会は日本サッカー協会（ＪＦＡ）と名称を変更すると共に、財団法人となって現在の組織形態の母体を整えるようになる。現在、ＪＦＡは、二〇一二年の法人法改正に伴って公益財団法人となり、文部科学省の所管を外れ独立した存在となっている。なお、ＪＦＡは、日本サッカー界を統括し代表する団体として、サッカーを通じて豊かなスポーツ文化を創造し、人々の心身の健全な発達と社会の発展に貢献することを目的（定款三条）として設立されている。そのために、四七の「都道府県サッカー協会」、九つの「地域サッカー協会」（都道府県サッカー協会が設置した地域団体）、公益社団法人日本プロサッカーリーグ（Ｊリーグ）、その他日本におけるサッカーの普及及び発展を目的とする団体はＪＦＡの加盟団体とされ（定款六条）、Ｊリーグの下部リーグである日本フットボールリーグ（ＪＦＬ）、日本女子サッカーリーグ（なでしこリーグ）、日本フットサル連盟もすべてＪＦＡに束ねられる下部組織となっている（定款六条。次頁の図参照）。そして、ＪＦ

世界のサッカーの組織図

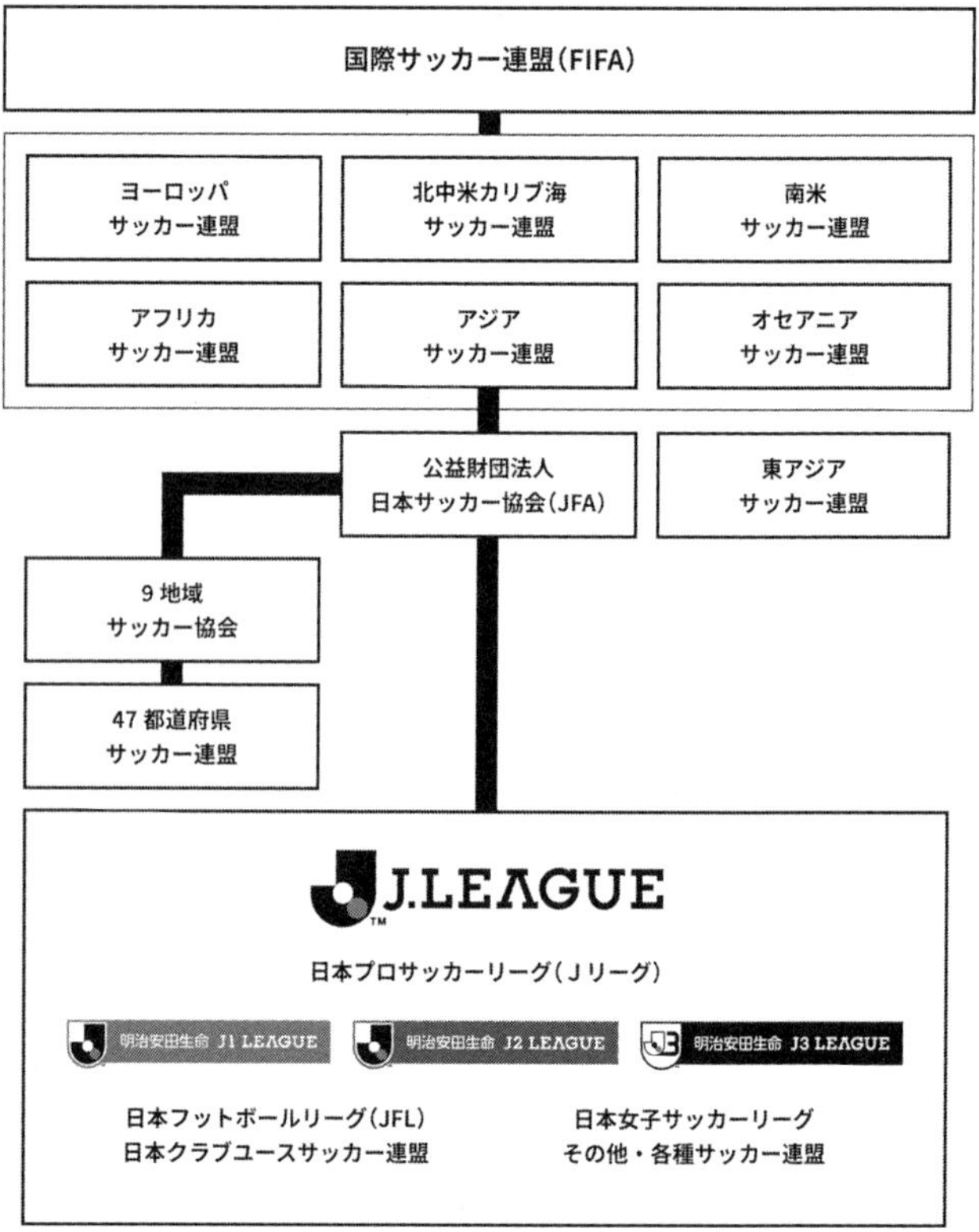

出典：Ｊリーグ ホームページ（https://www.jleague.jp/corporate/aboutj/）

Ａは、日本サッカー界を代表する唯一の団体として、国際サッカー連盟（ＦＩＦＡ）、アジアサッカー連盟（ＡＦＣ）及び東アジアサッカー連盟（ＥＡＦＦ）に加盟する（定款五条）。その結果、ＪＦＡはＦＩＦＡ等の下部組織でもあることから、「ＦＩＦＡ、ＡＦＣ又はＥＡＦＦから制定すべきと要請のある事項は、評議員会又は理事会の決議でこれを定めることができる」（定款五条の二）として、国際統括上部団体の要請には従う旨が規定されている。その点に関連して、二〇一三年、「ＦＩＦＡ標準規約」にある組織内での三権分立原則に従うよう要請されたことをうけ、翌二〇一四年から、司法機関である規律委員会・裁定委員会・不服中立委員会を、ＪＦＡの意思決定（立法）機関としての評議会、事務執行機関としての理事会から完全に独立させ、ＪＦＡから独立させる変更を行っている。なお、東アジアサッカー連盟（ＥＡＦＦ）は、二〇〇二年、ＦＩＦＡ日韓ワールドカップ開催をきっかけにして、地域内の積極的な交流を図り、結束を深めることにより、域内のサッカーを発展させるとともに、サッカーを通じた平和への貢献を目的としてＪＦＡが韓国や中国に提案して、ＪＦＡと共に中国、台湾、グアム、香港、韓国、マカオ、モンゴルの八カ国・地域の東アジアの協会が集まって設立された（この八協会は設立と同時に加盟）。その後、ＥＡＦＦ臨時総会で北朝鮮の加盟も認められ、二〇〇八年には北マリアナ諸島も加盟し、現在は一〇か国・地域の協会によって構成されている（二〇一二年のＥＡＦＦ主催の東アジアカップからオーストラリア代表も参加するようになっているが、オーストラリア協会はＥＡＦＦに加盟するのではなく試合にのみ参加する形式をとっている）。なお、このＥＡＦＦは、西アジアサッカー連盟（ＷＡＦＦ）のようにアジアサッカー連盟（ＡＦＣ）の下部組織としてＡＦＣに加盟するのではなく、東アジアの発言力強化を目指してＦＩＦＡ直属の下部組織となっている。

日本におけるアマチュアサッカーの形骸化

時間経過は前後するが、ＪＦＡを法人化しても、日本におけるサッカーの知名度は高まらなかった。というのも、サッカーは、他の競技と同じように学校教育においては体育の一種目とされ続け、全国高等学校サッカー大会が開催されていても高校野球の甲子園大会ほど注目を集めることはなく、ＪＳＬも企業のクラブ活動の一環（企業の福利厚生活動の一種）として展開されていたためか、プロ野球ほどの人気を集めることができなかった。その中で、ＪＳＬは、アマチュアリズムが形骸化し、社業よりもサッカーの練習に時間を割く「企業アマ」が日本独自のシステムとして生み出され、サッカーの世界大会への出場も、日本代表チームの成績が芳しくない状態が続き、サッカーの低迷期が長く続くことになる。そのような状況にもかかわらず、ＪＳＬではチームの成績によって報酬を支払うという半ばプロ化した選手も登場し、社業がなくもっぱらサッカーをすることでその対価として報酬を受け取る選手によって構成されるチームが出現していく。ＪＦＡも一九八五年からそのような選手も「プロ」という名称でではなく「スペシャル・ライセンス・プレーヤー」として事実上プロ選手としての登録を認めた。こうして選手の実質的な「プロ化」は進んだが、実力・運営ともにアマチュアレベルで、JSLの観客動員は進まず、試合を行う施設も充実せず、経済の高度経済成長期が終焉を迎えると企業経営に連動するようにサッカークラブの運営が低迷していき、現役を引退した選手のセカンドキャリアも不安定なままで問題が山積みされるようになっていく。その結果、これらの問題はアマチュアリズムでは解決できないとして、サッカーも野球やサッカー先進国であるヨーロッパ・南米のようにプロリーグを創り、サッカーのプロ化を待望する意見が、選手からも、またJSL加盟の企業・クラブからも強くなっていく。そこで、一九八八年、JFAは、「JSL活性化委員会」を設置して、現状の制度改革を目指していくが、その中でJSL加盟後発の読売や日産、ヤマハなどのクラブに加え、古川や三菱などの古参クラブを交えて、一九九一年に日本プロ・サッカーリーグの構想が発表されるのであった。

3　日本プロ・サッカーリーグ（Jリーグ）の出発

当初は失敗を懸念されたサッカーのプロ化

サッカー低迷を打開するための現状の制度改革を議論していた「JSL活性化委員会」では、「リーグのプロ化」に関して、当初、「サッカーのプロ化は時期尚早ではないか」、「繁栄しているように見えるプロ野球でも球団は赤字経営であり、サッカーでは採算が取れない」などのプロ化に対する消極的意見が相次いでいた。その結果、JFAがスペシャル・ライセンス・プレーヤーとしてプロ選手を認めているにもかかわらず、JSLの機構ではリーグ自体はアマチュアのままで、日本代表の試合もアマチュア基準に併せるという歪な状態が続いてしまった。その中で、一九八六年のFIFAワールドカップ・メキシコ大会のアジア予選で本大会出場まであと一歩に迫りながら日本よりも一足早くプロ化していた韓国代表チームに敗れ、最終的にメキシコ本大会の出場ができなかったことをうけて、一九八八年三月、「JSL活性化委員会」が設置され、そこで大胆な改革を進めながら、トップリーグを商業ベースによる事業化を志向した「スペシャルリーグ」（プロリーグ）にすることを検討するとの結論が出され、サッカーのプロ化の準備が始まる。但し、この段階では、前述の通り、当時のプロ野球の状況や、スーパースターで当時「サッカーの王様」と呼ばれていたペレ選手が所属していた北米リーグの失敗もあって、JSL内部では、JSLの活性化という点での意見の一致はあったものの、長年アマチュアリズムに基づき運営されていたために「プロ」という言葉に反発する役員も多くいたといわれている。

ＪＳＬではなく上部団体（ＪＦＡ）で

サッカーのプロリーグ創設に対するＪＳＬ内部での消極的意見に鑑みて、当時、ＪＳＬ総務主事（ＪＳＬ運営の代表者）であった川淵三郎氏は「活性化委員会」の議論をＪＳＬ内部で行っていては進展がみられないとして、ＪＳＬを統括し、日本のサッカー界の最上部団体であるＪＦＡで検討するよう要請した。そこでは、「活性化委員会」それ自体を解散させ、どちらかといえばアマチュアリズムにこだわりを持つ保守的だったＪＦＡ理事会をやり様によってはプロ化も可能と納得させるために、それを検討する仕組みとして一九九〇年八月に「プロリーグ検討委員会」をＪＦＡ内に設置した。ちょうどその時期に、二〇〇二年にアジアで最初のワールドカップを開催したいとの意向がＦＩＦＡにあることを聞き及んだＪＦＡは、日本が開催国として立候補すると同時に、開催国になるためにはワールドカップを開催するにふさわしい国であること、ＦＩＦＡの要求を満たすスタジアムを全国で建設することなどと相俟って、日本代表のワールドカップ初出場を念頭に置いた強化とそれに伴うプロリーグ創設、成功が不可欠となるという事情もサッカーのプロ化を後押しすることになった。

ドイツ・ブンデス・リーガをモデルに

日本のサッカーの強化に尽力したクラマーの影響もあってか、さらに日本人初のプロ・サッカー選手となった奥寺康彦がドイツ・ブンデスリーガでプレーしていたこともあってか、ホームタウン制やホームスタジアムの確保、プロチームを編成するクラブの仕組み（Jクラブ）などの規定の整備が、ドイツをモデルにして進められていく。ここでは球団自体の赤字続きのプロ野球の仕組みを真似るのではない方法でのサッカーのプロ化の検討が行われた。そして、一九九〇年六月、JSL参加のクラブにプロリーグ参加の要請が行われ、二〇団体から参加希望の返答を受け、八月に検討委員会が設置される。ここではプロリーグ参加クラブとなるためには、「クラブの法人化」、「ホームタウンの確立」、「一万五〇〇〇人以上収容可能なナイター設備付きの競技場の確保」、「一八人以上のプロ選手との契約」、「下部組織の運営」など七つの参加要件が提示された。そのうえで、一九九一年二月には、オリジナル一〇と呼ばれるプロリーグ発足時の加盟クラブが発表される（鹿島アントラーズ、東日本JR古河サッカークラブ（JEFユナイテッド市原）、三菱浦和フットボールクラブ（浦和レッドダイヤモンズ）、読売日本サッカークラブ（ヴェルディ川崎）、日産F.C.横浜マリノス（横浜マリノス）、全日空佐藤工業サッカークラブ（横浜フリューゲルス）、清水FCエスパルス（清水エスパルス）、名古屋グランパスエイト、パナソニックガンバ大阪（ガンバ大阪）、サンフレッチェ広島F.C（サンフレッチェ広島）の一〇クラブチーム。）。この段階では、クラブチーム名に運営母体である親会社の企業名が付けられていたが、それでは企業の広告塔にすぎないと考えられていたプロ野球と変わりなくなってしまい、クラブ自体が経営を真剣に行わないことが懸念され、また、プロ・

サッカーリーグの理念である地域密着型のクラブチームとの方針から、現在はクラブ名称を「地域名称＋愛称」とし、企業名は原則排除されている。その後、一九九一年三月にはプロ・リーグ設立準備室が組織され、翌月にはプロ・サッカーリーグ設立の報道発表が行われる。そしてその年の一一月、社団法人日本プロ・サッカーリーグ（Ｊリーグ：二〇一二年の法人法改正に併せて現在は公益社団法人になっている）が設立され、社団法人であることからその代表は理事長になるはずが、Ｊリーグでは法人の理事長をチェアマンと呼ぶことになる。

Ｊリーグの理念と特徴

以上のように設立された日本のプロ・サッカーリーグとしてのＪリーグは、日本サッカーの水準向上およびサッカーの普及促進、豊かなスポーツ文化の振興および国民の心身の健全な発達への寄与、国際社会における交流および親善への貢献の三つの理念を目的に設立されている（Ｊリーグ定款三条）。そして、Ｊリーグは、この基本理念を実現するために、フェアで魅力的な試合の開催、スタジアム環境の確立、地域交流の推進、フットサルの普及、サッカー以外のスポーツの推進、障がい者スポーツの推進という六つの活動方針を示している。そのうえで、Ｊリーグは、誰もが気軽にスポーツを楽しめるような環境が整ってはじめて、豊かなスポーツ文化は育まれ、そのためには、生活圏内にスポーツを楽しむ場が必要となることから、そこには、緑の芝生におおわれた広場やアリーナやクラブハウスがあって、誰もが、年齢、体力、技能、目的に応じて、優れたコーチのもとで、好きなスポーツを楽しめるようになるし、「する」「見る」「支える」というスポーツ基本計画で示された内容に応じてスポーツの楽しみ方も人それぞれである点を踏まえ、「Jリーグ百年構想〜スポーツで、もっと、幸せな国へ。」というスローガンを掲げ、「地域に根ざしたスポーツクラブ」を核としたスポーツ文化の振興活動に取り組んでいくことになる（Jリーグ・ホームページ参照。なお、このJリーグ百年構想の広報活動は一九九六年から始まる）。まさに欧州各国で展開されているようなスポーツの仕組みを日本にも導入しようと意図しているのである。このJリーグの設立によって、JSLは一九九二年で廃止されるが、プロ化の推進もあってか、日本代表チームが強くなり、同年一〇月から一一月に広島で開催された第一〇回AFCアジアカップで初優勝を遂げることになる。これが開幕前のJリーグ人気を後押しし、一九九三年五月一五日、旧国立競技場での横浜マリノスとヴェルディ川崎の試合でJリーグが開幕した。

Jリーグ一年目の出来事（ドーハの悲劇）

Jリーグが開幕した一九九三年は、プロ化され、また前年のAFCアジアカップで優勝したことから、突然サッカーブームが巻き起こる。このブームを後押ししたのが、Jリーグの試合もさることながら、やはりサッカーの日本代表チームであった（この点、本大会での快挙であったが二〇一九年ワールドカップでの日本代表チームの活躍に刺激されてにわかにラグビーが脚光を集める事態と似ている）。この年の一〇月には、翌一九九四年のＦＩＦＡワールドカップ・アメリカ大会出場のためのアジア予選が開催されていた。第一次予選を首位で立ち上がった日本代表は、最終予選六チームに残り、中東のカタールで行われたアジア最終予選に赴くことになる。当初、二戦まで戦った段階では最下位であったが、第三戦の北朝鮮、第四戦の韓国に勝利して、日本代表は四戦終了時点で六チーム中首位に立っていた。この最終予選では上位二チームに残ればアメリカでの本大会に出場できるとあって、最終戦となるイラク戦の結果に期待が集まり、日本国内でも日本代表の活躍に大いに盛り上がっていた。この最終戦は一〇月二八日にカタールの首都ドーハのアルアリ・スタジアムで行われ、日本代表と首位・二位を争っていたサウジアラビア（対イラン）、韓国（対北朝鮮）の試合も同日同時刻に開始された。日本代表は後半終了間際まで二対一でイラクに勝っており、初めてワールドカップ本大会に出場できるのではと期待されたのだったのが、後半ロスタイムにイラクに同点に追いつかれ、結局、二勝一敗二分と結果が同じだった韓国（韓国は北朝鮮に三対〇で勝利したことで勝ち点は追いつかれた）に得失点差で負け、アメリカ本大会出場はならなかった。そのために、このイラク戦の引き分けが後に日本サッカー界において「ドーハの悲劇」として語り継がれることになる。同時に、この試合が日本時間の深夜であったにもかかわらず高視聴率をおさめ、それがＪリーグの試合への関心をも高めることになる。この一九九三年のＪリーグの全試合の観客動員は三百万人を超え、一気にプロ野球に迫るライバルスポーツとなっていくのであった。

第一〇章　日本のプロ・サッカーの仕組みとプロ・サッカー選手

1　サッカー人気の高まり

Jクラブの増加

Jリーグ発足時はオリジナル一〇と呼ばれた一〇クラブ・チームであったのが、リーグ発足の翌年一九九四年にはフジタ工業サッカー部を前身としたベルマーレ平塚と、ヤマハ発動機サッカー部を前身とするジュビロ磐田がJリーグに加盟する。このように一二クラブとなったJリーグは、この一九九四年も順調に観客動員数を増やし、総人数は五百万人を超える。そして、その翌年一九九五年には、ヤンマーディーゼル・サッカー部を前身としたセレッソ大阪と、日立製作所サッカー部を前身とした柏レイソルが加盟し、Jリーグは一四クラブになる。この年も観客動員数が六百万人を超え、サッカー人気は不動のものになったかのような様相を呈する。その後は観客動員数も低迷化するものの、クラブ自身が若年層の育成や地域活性化の役割を担うこともあるうえに、サッカーというスポーツを始めることの簡易さからか、Jリーグ加盟を求めるクラブは増加し続け、一九九八年には一八クラブにまで増加することになる。

プロ野球のライバルとなったプロ・サッカー

このJリーグの繁栄は、それまでプロ・スポーツの興行では独占状態（実際には大相撲やテニス、プロレス、競馬、自動車競走など様々なものがあった）であったともいえるプロ野球から一気にサッカーがとって代わるかの勢いをみせるようになる。若年層でも、「する」「見る」スポーツとして野球からサッカーに人気が移行していく。ここには、二〇世紀の終わりから二一世紀初頭にかけての時代的雰囲気も影響しているといえる。特に日本代表チームの世界大会での活躍から、頑張れば海を渡って世界に羽ばたくことができるグローバルなスポーツとしてのサッカーが、アメリカの大リーグへの移籍が厳しい野球よりも魅力的なスポーツと感じられたことにもよるし、実際に日本人選手のヨーロッパの各国リーグでの活躍も目の当たりにした若年層が、競技ルールの簡易さや試合時間の短さ・確実性（前後半併せて九〇分でロスタイムを入れても約二時間で終了する。プロ野球の試合時間が平均でも三時間を超え、終了予定時刻は定かでない）もあってサッカーに魅力を感じたことにも影響されるところが大きい。

日本代表チームに引きずられたサッカー人気

さらに、一九九七年には、翌年一九九八年のFIFAワールドカップ・フランス大会への出場をかけたアジア第三代表決定戦でイラン代表に日本代表チームが勝利し（「ジョホールバルの喚起」と呼ばれることになる）、初めてワールドカップ本大会に出場したこともサッカー人気を後押しすることになった。それ以降、日本代表は、二〇〇二年の日韓大会、二〇〇六年のドイツ大会、二〇一〇年の南アフリカ大会、二〇一四年のブラジル大会、二〇一八年のロシア大会にすべて本大会出場を果たし、「日本のサッカーは着実にレベルを上げており、かつて夢とも言われていたワールドカップ出場も今や『出場して当たり前』と言われるほどになっている」と評されるほどにまで急成長している。当初は日本代表チームに注目が集まっていたサッカーが、現在ではJリーグにも注目が集まり、一時低迷していた観客動員数も二〇一九年には再び総観客数六〇〇万人を超す勢いを取り戻して、一九九九年からは、Jリーグ開始からわずか七年でディビジョン1（J1、一六クラブ）とディビジョン2（J2、一〇クラブ）の二部制が始まり、二〇一四年からはさらに下部リーグJ3リーグ（一一クラブとJ1アンダー23の一二チーム）が開設され、現在の三部制がとられている（現在はJ1・一八クラブ、J2・二二クラブ、J3・一五クラブ、但し、二〇二一年度はコロナ禍のため各リーグのクラブ数は変則的に増減しているし、アンダー23チームはJ3に参加していない）。したがって、グローバルに展開するサッ

ニュールンベルク・フランケンスタディオン（2006年ドイツＷ杯でクロアチアと引き分けた場所）

カー日本代表チームの活躍に牽引されるかのように、Ｊリーグ発足当初懸念されていたサッカー人気は、プロ野球を上回るものとなっている（筆者の生活する関西圏でも最近では、Ｊリーグの試合のある時は、大阪の繁華街である梅田で青色のガンバ大阪や桜色のセレッソ大阪のユニフォームを着たサポーターの姿を多く見かけるようになり、黄色いユニフォームを着た甲子園帰りの阪神タイガースファンを圧倒する傾向がある）。

2　Ｊリーグクラブライセンス制度

観客動員延べ人数は大きく増加する

Ｊリーグでは、通常のリーグ戦と同時にＪリーグカップとして賞杯をかけた大会も開催されている。それが、Ｊリーグ開幕の前哨戦とされ、

Jリーグ開幕一年前の一九九二年から始まったJリーグヤマザキナビスコカップ（二〇一六年からはJリーグYBCルヴァンカップ（通称ルヴァンカップ）と大会名称が変更されている）や、一九二一年から始まった天皇杯JFA全日本サッカー選手権大会（当初はア式蹴球全国優勝競技会と呼ばれ、その後全日本選手権大会とされていたが、一九五一年から現在の名称になっている。一九七二年からオープン参加の形式で開催され、現在はJリーグクラブチームだけでなく、企業チームや大学クラブも参加できるものとなり、天皇杯の試合はJ1リーグ戦と同格とされている）であり、これらがJ1リーグと共に日本サッカー界の三大タイトルとされている。このように、シーズン中ほぼ毎日試合をしているプロ野球と違って、サッカーの試合開催日（基本的には週末に限定、場合によっては水曜日も開催。カップ戦とリーグ戦は重複しないよう調整される）が限定されていたにもかかわらず、二〇〇九年度には、サッカーのすべての試合の観客動員数は延べ人数で一〇〇〇万人を突破するようになったといわれている（なお、プロ野球は観客総人数で約二六〇〇万人とされている）。これは、地域密着型の三部制のリーグ戦、カップ戦開催によるリーグ戦とは異なるタイトル争奪戦、週末開催ではあるが野球と違い一年を通じて試合が行われるサッカーというスポーツの特性などから、サッカーへの関心を惹起し、サッカー人口の増加に対応してJリーグに参加を希望するクラブの増加が背景として存在している。人気が高まるからサッカー人口が増加する、サッカー人口が増加するからサッカーへの関心が高まり人気が高まるという、ある種の循環的作用がうまく機能しているということができるのである。

プロ・サッカークラブとなるためには

サッカー人気・人口の増加は、プロリーグとしてのJリーグへの加盟を希望するサッカークラブの数の増加をもたらす。ただ、選手とプロ選手契約を締結し、試合ができる選手数を集めればすぐにプロ・サッカークラブとしてJリーグに参加できるわけではない。Jリーグへの参加が認められるためには、当該クラブがJクラブとしてJリーグより審査を受け、承認されなければならない。当初は、Jリーグ加盟の要件として、クラブを運営する法人は日本法に基づき設立された株式会社または公益社団法人であること（これは現在も変わっておらず、営利を目的とする株式会社と共に公益社団法人もクラブ運営の母体となる法人に含めれているのはJリーグ自体がドイツ・ブンデスリーガをモデルにしたことの影響による）、ホームタウン、スタジアム、経営状況、チーム運営状況などのクラブの基本組織に関する項目だけでなく、チーム運営については、実際にJリーグの試合に参加するチームそのものだけでなく、育成組織（下部組織）によるクラブユースチームの運営義務なども規定されていた。これが二〇一三年からは新たなプロクラブの資格制度として「Jリーグクラブライセンス制度」が導入され、現在は、この制度の下でJ1ライセンス、J2ライセンス、J3ライセンスが発行され、Jリーグへの加盟可否・加盟可能なディビジョンについての判断を行うシステムとして運用されている。ここでは、五分野の審査基準項目（競技、施設、人事組織、法務、財務）が設けられ、項目数は全部で五六項目に及ぶ。そのうえで、これらの項目はA等級、B等級、C等級の三種類の基準に区分して審査され、A等級基準はライセンス交付に必須とされる四四項目、B等級基準は達成されなければ処分が科せられたうえでライセンスが公布される三項目、C等級基準は必須ではないが推奨される九項目になっている。二〇二一年シーズンではJ1ライセンスの公布を受けたのが四四クラブ、J2ライセンスは七クラブ、J3ライセンスは一一クラブとなっているが、毎年その数は変動している。

Jクラブのクオリティー確保のために

内容的に非常に厳しい「Jリーグクラブライセンス制度」の導入の目的は、「サッカーがより魅力的で、観客やパートナーなどのステークホルダーに信頼されるスポーツを目指すこと」とされている（Jリーグ・ホームページ参照）。要するに、プロリーグである以上、予定されている試合は確実に実施されなければならず、クラブの事情で突然試合ができなくなったり、試合が実施されても観客に不快な思いをさせるようではプロとはいえず、クラブの実態・試合を行うスタジアムの環境等を予め審査したうえでプロチームとしての適格性を有しているか否かを審査するということになっているのである。それは、元々は、ドイツサッカー協会（DFB）がJリーグのモデルとされたドイツ・ブンデスリーガ運営のために毎年参加全クラブのリーグ戦への参加資格をチェックするための基準として導入したのが始まりであり、二〇〇四年シーズンから欧州サッカー連盟（ＵＥＦＡ）がＵＥＦＡチャンピオンズリーグへの参加資格として用いた結果、二〇〇八年からＦＩＦＡもクラブライセンス制度を導入し、ＡＦＣが二〇〇九年にライセンス制度をＡＦＣチャンピオンズリーグ参加資格として導入することを加盟各国協会に通達し、二〇一三年シーズンからその導入が承認されたことをうけて、ＪＦＡならびにＪリーグもそれを「Ｊリーグクラブライセンス制度」として導入するようになったのであった。実際にはＪ１ライセンスを持たないクラブはＪ１リーグに参加できないし、Ｊ２ライセンスを持たないクラブはＪ２リーグに参加できない。Ｊ２ライセンスしか持たないクラブがＪ２リーグを勝ち残り（入れ替え戦でＪ１クラブに勝利するか、Ｊ２で上位二位までに入るかする）、Ｊ１リーグに昇格できるようになっても、その昇格は、当該クラブがＪ１ライセンスを取得していない限り認められないとされているほど厳しいＪクラブの資格制度になっている。但し、導入当初、Ｊリーグは、この制度を「クラブをふるいにかけるための制度」ではないとし、ライセンス制度導入によって「クラブの経営基盤を強化することにより、競技環境、観戦環境、育成環境の強化・充実を図り、Ｊリーグクラブが、日本のスポーツ文化を成熟させる『社会資本』としての役割を担うこと」を目指すものとしている。

中立的機関による五分野・三基準の審査

Jリーグクラブライセンスの交付機関はJFAからの委任によりJリーグが務める（Jリーグクラブライセンス交付規則一〇条）。しかし、Jライセンス交付の可否を決定し、違反に際して制裁（戒告、けん責、ライセンスの取消、一億円を上限とする罰金、勝点の減点、無観客試合など）を科す決定を下す権限を持つのは、クラブライセンス交付第一審機関（FIB）とクラブライセンス交付上訴機関（AB）とされている（同規則一一条）。このFIBおよびABはそれぞれ独立した機関とされ、JFAおよびJリーグの職員を構成員にできる一方で、構成員は同時にJFAおよびJリーグの法人理事・監事・評議員であってはならず、法的組織上、FIBもABもJFAならびにJリーグから独立した機関となることが想定されている（もちろんライセンス申請者たる法人の関係者も構成員にはなれない）。また、審査決定を行うFIBパネルの審査員の少なくとも一名は日本弁護士連合会に登録された弁護士、少なくとも一名は日本公認会計士協会に登録された公認会計士であることとされている（同規則一四条七項）。ABは、FIBが行った審査決定について、それに不服のある申請者が行った上訴申立を審査する機関であり、ABの決定は最終的かつ拘束力あるものとされる（同規則一七条）。なお、ここで付与されるライセンスは、対象シーズンのみ有効とされ（同規則二三条一項）、第三者に譲渡することはできない（同規則二二条六項）。ここで審査されるのは、競技、施設、人事組織、法務、財務の五分野であり、その各分野でそれぞれ細かな基準が定められている。例えば、競技分野では、人材育成・普及の理念を示したアカデミープログラムを持ち、アカデミーチーム（U-18／U-15／U-12／U-10）を保有（クラブ直営または関連法人が運営）していること（A等級基準）や女子チームを保有していること（C等級基準）、施設分野では、スタジアムの入場可能人員がリーグの規定（J1は一五〇〇〇人、J2は一〇〇〇〇人）を上回っていること（A等級基準）やクラブが年間を通じて使用できる天然芝のピッチ1面・屋内トレーニング施設・クラブハウス・メディカルルームがあること（A等級基準）、スタジアムに観客席の三分の一以上（B等級基準）または観客席すべて（C等級基準）を覆う屋根を備えること、スタジアムの観客数一〇〇〇人あたり、洋式トイレ五台以上、男性用小便器八台以上を備えていること（B等級基準）、人事組織分野では、資格を持つ財務担当・運営担当・セキュリティ担当・広報担当・マーケティング担当を置くこと（例えば弁護士や公認会計士、MBAを持つ者など）（A等級基準）、法務分野では、同じ競技会に出場している他クラブの経営等への関与を行わないこと（A等級基準）や顧問弁護士をおくこと（C等級基準）、財務分野では、監査済みの年次財務諸表を提出し、Jリーグの審査を受けること（A等級基準）（その際には債務超過がなく、三期連続の赤字がないことが必須条件とされる）、移籍金や給与の未払いが生じていないこと（A等級基準）といった細かな基準の充足の有無が審査されることになる。

3　JFAが統括するサッカー選手の登録と移籍

プロ・アマの壁のない一括管理

日本のサッカー界は、野球と異なり、JFAによって一元的に統括されている。Jリーグも JFAの下部組織とされており、Jリーグが所管するJ1リーグ、その下部リーグとしてのJ2リーグ、さらにその下のJ3リーグもすべてJFAの管轄下にある。それだけではなく、Jリーグ加盟を目指す地域のクラブや企業チームから構成されるアマチュアリーグである日本フットボールリーグ（JFL：現在一六チームが所属。アマチュアリーグとされているがJ3リーグへの昇格を目指すプロのJクラブも参加できる）、その下部リーグである地域リーグ（全国を九つの地域に区分したリーグ）、さらにその下にある各都道府県リーグ（現在各都道府県によって異なるが、このリーグも一部リーグ、二部リーグ等の段階的リーグ制で運営されている）もJFAが統括しており、プロリーグの下にアマチュアリーグが位置づけられてJ1リーグを頂点としたピラミッド型のリーグ構造で運営されている。それは、それぞれのリーグ間で昇降格があり、リーグ全体が活性化されると同時に、チームや選手個々が上のリーグ（J1の場合はAFCチャンピオンズリーグへの出場など）を目指して切磋琢磨するという好循環サイクルを生み出している。この点は女子リーグも同じで、二部制のなでしこリーグの下にチャレンジリーグ、地域リーグ、都道府県リーグというやはりピラミッド型の構造でＪＦＡが統括する形で運営されている。そのために、チームを構成する選手についてもＪＦＡが統括して規律しており、ＪＦＡは「サッカー選手の登録と移籍等に関する規則」（以下、登録・移籍規則とする）を定めてアマチュア選手とプロ選手を併せてサッカー選手としている。ここに、日本国内のサッカー界は、野球界のような複雑なプロとアマの間に壁はなく、組織そのものはＪＦＡに一元化された把握しやすい仕組みが構築されている。

プロ選手とアマチュア選手の区別

サッカー選手は、試合に出場してプレーするためには、ＪＦＡ加盟のチームに所属しなければならない。そのうえで、当該チームは、自チームに所属する選手をＪＦＡに登録申請しなければならない。その結果、ＪＦＡに登録されている選手だけがサッカーの公式試合に出場できることになり、未登録の選手は、プロ・アマを問わず公式試合に出場できないとされている（登録・移籍規則二条二項）。なお、選手は、プロ・アマを問わず、二つ以上のサッカーチームに同時に登録することはできない（同規則三条。但し例外として、サッカーチームとフットサルチームには同時登録できる）。その結果、選手の移籍についても同じで、プロ・アマを問わず、選手が移籍を希望する場合には、移籍元チームから登録抹消されたうえで、移籍先チームが登録申請を行い、ＪＦＡによって承認されなければならない（同規則二〇条一項）。ここで、アマチュア選手とは、報酬または利益を目的とすることなくプレーする者（同規則五条）で、所属チームと書面による契約で、当該選手のサッカー活動の対価としてその被る費用を上回る支払いを受ける者としてのプロ選手（同規則六条）とは区別され、登録に際しては、選手の登録区分としてアマチュアかプロかを明確にしておかなければならない。なお、プロ選手の場合には、選手登録の申請に際して、加盟チームと選手間の契約書の写しを添付しなければならないとされている（同規則一〇条二項）。なお、これもプロ・アマを問わずであるが、最近頻繁にプロ選手に見られる外国のチームへの移籍について、その場合、ＪＦＡは、ＦＩＦＡ規則に従って、移籍先の外国のサッカー協会の請求に基づき「国際移籍証明書」を発行することになる（同規則二七条一項）。また、野球の場合と異なり、プロ・サッカー選手は、チームとの書面による合意によって他のチームに期限付き移籍（いわゆるレンタル移籍）させることができる（同規則二六条一項）。なお当然のことながら、Ｊクラブにアマチュア選手が所属することも可能であり（Ｊリーグ規約第五章「選手」ではプロ選手と共にアマチュア選手の規定も置かれている。特に八七条、八九条）、その場合でもプロ選手と同様に、Ｊクラブは、当該選手をＪリーグ登録しておくことが必要とされる（Ｊリーグ規約一〇二条）。

ＪＦＡが規律するプロ選手

プロ選手とアマチュア選手の間に登録や移籍に関する一般ルールでの違いはないといえるが、プロ選手の特殊性から、ＪＦＡは「プロサッカー選手の契約、登録、移籍に関する規則」（以下、プロ選手規則とする）を定めて、その特例ルールを規定している。それによると、サッカーのプロ選手の選手契約は三種類に区分される。まず、プロA契約は、試合出場時間についてJ1で四五〇分、J2で九〇〇分、J3以下で一三五〇分（所属リーグによってこの中のどれか）をクリアしていることを条件とし、かつ基本報酬が年額四六〇万円以上を契約締結条件とする（但し、初めてプロA契約を締結する際の報酬は年額六七〇万円を超えてはならないとされている）。このプロA契約の場合で、出場試合数やゴール数、アシスト数などで変動報酬を定める場合、プロ選手としての制度主旨を逸脱しない範囲に留めなければならないとされている（あまりに高額になってクラブ経営を圧迫しないこと）。プロB契約は、出場試合時間はA契約と同じで、報酬が年額四六〇万円を超えないもので、変動報酬は自由に設定できるが、出場プレミアムを設定する場合は一試合四七六二〇円以下にしなければならないものになる。これらと別に、上記の試合出場時間数を満たしていないアマチュア選手や社員選手がプロ契約を締結する場合にはプロC契約にしなければならない。プロC契約での報酬は年額でB契約の条件と同じであるが、変動報酬としてはB契約の金額の範囲内で出場・勝利プレミアムだけをつけることができる。初めてプロC契約を締結してから三年間が経過すれば、それ以後のプロ契約を望む場合はプロA契約かプロB契約にしなければならない。なお、外国籍選手とクラブがプロ選手契約を締結する場合には統一契約書式によることとされているが、日本人選手の場合には書面による契約とされているだけで、プロ野球選手契約の場合の統一契約書と同じように、日本サッカー協会プロ選手契約書としてプロA契約書、プロB契約書、プロC契約書が準備されている。そのうえで、プロ選手として契約ができるのは満一六歳以上で、JFA加盟チームに所属し、認定を受けていなければならない。また、複数年契約も可能であるが、契約の最長期間は五年（満一八歳未満は三年）とされている。

選手獲得はクラブ間の自由競争

サッカー界はプロ・アマの垣根がなく、また、Jクラブは若年層の育成を担うユースチームも有していることも関係してか、選手獲得にプロ野球のようなドラフト制度がなく、クラブ間での自由競争になっている。但し、クラブの財務状況についてはJリーグによる毎年の審査を受けなければならないことから、クラブ間の選手獲得競争について、あまりに高額の移籍補償金や選手報酬の支払い義務が生じる選手の獲得は無秩序に行われるわけではない。また、クラブ間の戦力均衡のためにプロA契約の選手については、一クラブ二五名までとされている（但し、自クラブの育成組織であるユースチームに三年以上在籍した選手はこの二五名枠の対象外となる）。外国籍選手も二五名枠には含まれるが、一定のASEAN諸国籍の選手は外国籍選手からは除外される。期限付き移籍の選手（レンタル移籍選手）は、移籍先クラブでは二五名枠の対象となり、移籍元クラブでは対象外になる。あるクラブのユースチーム所属の育成選手に他クラブがスカウト活動を行おうとする場合、活動を始める前に当該選手が所属するクラブの承認を得なければならない。プロ選手は、契約期間が満了したか満了前の六カ月間に限り他のクラブと契約を締結することができる。但し、契約期間中であっても他のクラブ所属のプロ選手との間でプロ選手契約締結を意図するクラブは、交渉前に書面で選手の在籍クラブに契約交渉開始に関する通知を行えば、当該選手と交渉を行うことができる。そのうえで、プロ選手が契約期間満了前にクラブを移籍する場合、移籍元クラブは移籍先クラブに移籍補償金（契約権の譲渡）を請求することができるが、日本人選手の場合、移籍補償金収入を得たクラブはその四％相当額をJリーグに納付しなければならない。なお、プロ選手契約が締結されれば、Jリーグの場合、選手をJリーグ登録し、それをJリーグがJFAに届け出て、JFAの選手登録が行われていなければ、試合に出場することができない。これらのルールは、「サッカー選手の登録と移籍等に関する規則」と「プロサッカー選手の契約、登録、移籍に関する規則」に基づきJFAおよびJリーグまたはJFLや地域・都道府県協会によって監督されている。なお、Jリーグの試合実施要項によると、一試合に出場エントリーできる選手は一八名で、チームスタッフは七名までエントリーできるとされている。

4　選手だけではなく「支える」人もＪＦＡが統括

審判員もＪＦＡが統括

ＪＦＡは、日本国内において行われるすべてのサッカー競技、フットサル競技及びビーチサッカー競技の審判に関する事項について統制する権限を持つとして、「審判員及び審判指導者等に関する規則」を定めている。その中で、一級審判員は、二級審判員でＪＦＡまたは地域サッカー協会主催の一級審判員認定審査会において適格と認められた資格を有し、ＪＦＡが主催等するサッカー競技の試合の主審を行う技能を有する者とされる。二級審判員は、地域サッカー協会主催の二級審判員認定審査会において適格と認められ者に対して所属の地域サッカー協会が認定した資格を有し、地域サッカー協会が主催する試合の主審を行う技能を有する者とされる。三級審判員は、都道府県サッカー協会主催の三級審判員認定審査会において適格と認められた者に対して所属の都道府県サッカー協会が認定する資格を有し、都道府県サッカー協会が主催する試合の主審を行う技能を有する者とされる。四級審判員は、都道府県サッカー協会主催の四級審判員認定審査会において適格と認められた者に対して都道府県サッカー協会が認定し、資格を認定された都道府県サッカー協会所属の審判員となるものとされる。審判員の資格は、毎年度ごとに更新され、有効期間は当該年度とされている。このように、サッカーでは審判員も階級制がとられ、審判員として参加できる試合も階級ごとに区別されている。上の等級に上がろうとすれば、審判員認定審査会で行われる講習会を受講して適格性が認定されなければならない。そして審判員の技能向上のための審判指導者もＪＦＡが統括して管理し、審判指導者も一級審判員や一級審判インストラクターを指導できるＳ級審判インストラクター、一級審判員を指導できるが二級以下の審判指導者しか指導できない一級審判インストラクター、三級審判インストラクターや二級審判員を指導できる二級審判インストラクター、審判指導者は指導できないが三級以下の審判員を指導できる三級審判インストラクターと、階級制が用いられている。なお、審判員も審判指導者も所属する都道府県サッカー協会の決定によってＪＦＡに登録される。なお一級審判員のうちのトップレベルにある者は、審判活動に専念できるようにプロフェッショナルレフェリー（ＰＲ）としてプロの審判員になる。このＰＲの選定はＪＦＡ理事会の協議事項とされており、ＰＲに選定された審判員はＪＦＡと契約を締結して活動するが、契約期間は一年とされている。なお、ＪＦＡはＰＲの中から国際主審・副審となれるものをＦＩＦＡに推薦する。なお、Ｊリーグの審判は、一級審判員の中からＪリーグ担当審判員として決定されたものが務め、その中にはＰＲも含まれることになる。そのうえで、ＰＲでなくても、各審判員には参加する試合につき一試合ごとにＪＦＡより規定の報酬が支払われる（ＪリーグやＪＦＬなどの試合の場合はそれぞれのリーグを主宰する協会によって支払われる）。

指導者もＪＦＡの管理下にある

野球の場合、プロもアマも指導者（監督・コーチ）になることについて特に資格は必要とされていない。プロ野球の場合は、そのセカンドキャリアとして現役時代にチームの主力として活躍した人物が監督やコーチになることが多い。そのために、後輩や若年の選手を指導することについて特に資格は必要とされていない（プロ・アマの壁からプロ選手だった人物はアマの指導者にはなれないという制約があったが、近年ではその制約は取り払われている）。ところがサッカーの場合はそうではない。ＪＦＡが「指導者に関する規則」を定めて、指導者の資質及び指導力の向上を図り、サッカーの普及および振興を促進するため、指導者養成事業を行っている。そこでは、ＪＦＡが、指導者養成事業として、インストラクターの養成および研修会の開催、指導者養成講習会およびリフレッシュ研修会の開催、並びにライセンスの認定およびライセンス適格性の再審査等を行っている。所定の講習会を修了し、ＪＦＡの技術委員会にて適格と認められた者に対し、Ｓ級コーチライセンス、Ａ級コーチジェネラルライセンス、Ａ級コーチＵ-15ライセンス、Ａ級コーチＵ-12ライセンス、Ｂ級コーチライセンス、Ｃ級コーチライセンス、Ｄ級コーチライセンスがそれぞれ交付される。Ｊリーグやなでしこリーグを含めたプロリーグのトップチームの監督には公認Ｓ級ライセンスを持っている者でなければならず、Ｊクラブでもサテライトチームやドルのチームの監督には公認Ａ級ジェネラルライセンス以上の資格を有する者でなければならない（A級ジェネラルライセンスを有する者はJリーグのトップチームのコーチにはなれる）。ここでもS級からD級までの階級制がとられ、プロ選手のセカンドキャリアとしての指導者育成をJFAが行うことになる。なお、ライセンス保持者はJFAに登録する必要があり、登録されていない者は、JFA加盟チームの指導者にはなれない。またこの指導者の資格制度は、元々UEFAが採用していたもので、プロの指導者を育成することによってサッカー技術の向上を図ることを意図していたものといわれている。

第一一章　日本のスポーツにおける紛争解決手段

1　選手の地位向上・発言権確保のために

非常に弱い選手の立場

いくら高い年棒・報酬をもらっていても、組織の中でのプロ・スポーツ選手の地位は非常に弱い。これは、他の職業でも同じであるが、一般の職業の場合、労働法に属する法律によって労働者は一定の範囲で権利が保護されていることとの違いによる。プロ野球界でもサッカー界でも、選手は、その制度を統括する上部団体に支配されるような状況に置かれる。プロ野球の場合、選手は統一契約書で球団と選手契約を締結し、それを球団が統括団体であるＮＰＢに届け出て、ＮＰＢがプロ選手として公示しなければ試合に出場することができない。サッカーの場合も、クラブと選手契約を締結し、Ｊリーグによって選手登録され、Ｊリーグがその上部団体でサッカー界を統括するＪＦＡに届け出てプロ選手登録されないと試合に出ることができない。したがって、プロ・アマを問わず選手は、所属チームの球団やクラブに逆らうような態度をとれば、あるいはそのスポーツ競技を統括する国内の最上部団体（NPBやJFA）の方針に反対する態度をとれば、試合に出場できなくなるというリスクに曝されるようになること（プロ選手の場合、報酬・年棒を稼げなくなるという死活問題）を懸念して、クラブや統括団体の役員の思惑を忖度するようになる。そのために、プロ選手は、ある意味でクラブや統括団体のいうことを素直にきく善良性を有していることが要求され、組織内での立場は非常に弱いといえる。選手は、競技者としての活動に従事するためには、競技団体に吸収されているような状態になる必要があるのである。

サッカー界にもある労働組合

プロ野球界では、そのような選手の地位の脆弱性から、選手の待遇改善や地位の向上を目指して日本プロ野球選手会が結成され、それが労働組合としての認定を受けていることは既に述べた通りである。同じように、プロリーグに所属するプロ・サッカー選手の場合も、プロ選手の立場で活動し発言するための組織の必要性から、一九九六年四月にJリーグクラブに所属するプロ・サッカー選手を会員とするJリーグ選手協会が結成される。その主な活動としては、選手の福利厚生環境をJリーグ機構との対話により充実させることや、戦力外選手に対するJリーグ合同トライアウトの実施などを行なっていた。その後、二〇一〇年からは日本プロサッカー選手会と名称変更して一般社団法人となり、同時に、Jリーグのクラブに所属する日本人選手だけでなく、Jリーグ経験者で、現在は海外のクラブでプレーする日本人選手も会員になれることにして、プロ・サッカー選手の労働組合へと展開させようとしていくことになる。この翌年二〇一一年九月一六日には、東京都労働委員会より労働組合としての認可を受けて、一般社団法人としての日本プロサッカー選手会が労働組合にもなったのであった（この二法人化は日本プロ野球選手会と同じであり、チャリティー活動には二つの選手会が一般社団法人として合同で参加・実施する例もある）。先行していたはずの日本プロ野球選手会ではまだ正式には認められていない（二〇〇四年のストライキの後、NPBとの間でプロ野球構造改革協議会を設置して話し合うことの合意は取り付けた）が、日本プロサッカー選手会は、労働組合となった翌年の二〇一二年五月一〇日には、JFAおよびJリーグとの間で労使協議会を発足させることに合意し、プロ・サッカー選手の地位向上に向けた活動を積極的に行っている。

まだまだ不安定なプロ選手の法的地位

日本プロ野球選手会や日本プロサッカー選手会のように、プロ選手が労働組合を結成している事例もあるが、野球やサッカーを行う選手だけがプロになっているわけではない。バスケットボールも二〇一六年からプロリーグとしてのBリーグが始まり、プロ化されている。しかし、日本バスケットボール選手会は労働組合とはなっておらず一般社団法人のままであるし、日本のプロ・スポーツの先駆者ともいうべき大相撲の力士会は、戦前から存在しているが未だ親睦団体として法人格も取得していない。ここには、プロ・スポーツ選手の法的地位の不安定さが関係している。プロ選手は、一般の労働者とは違い、場合によっては労働者とみなされ、また場合によっては個人事業主とみなされ、適用法令によってその法的地位が統一されていない。しかし、最高裁判所は、判例において、「職業」とは自己の生計を維持するための継続的活動で、社会の存続と発展に寄与する社会的機能分担の活動であり、かつ、各人が自己の持つ個性を全うすべき場であるとしている（最大判一九七五年四月三〇日民集二九巻四号五七二頁）。ここから考えても、プロ・スポーツ選手は「職業」活動に従事しており、したがって報酬・年棒を受けてする活動である以上、労働者ではないのかということになるが、前記の通り、適用法令によってその法的地位は変動している。そのために、クラブ・球団や統括団体と選手との間で発生する紛争において、選手の地位はまだまだ弱いものであり、その権利保護の仕組みがしっかりと構築されおく必要性が確認されることになる。その結果、プロ・スポーツも包括するスポーツ基本法五条三項は、「スポーツ団体は、スポーツに関する紛争について、迅速かつ適正な解決に努めるものとする」として紛争解決手段の準備を努力義務とする。また、同法一五条は、国に「スポーツに関する紛争の迅速かつ適正な解決に資するために必要な施策を講ずる」よう規定する。以下では、スポーツに関する紛争処理の方法を確認しておこう。

2　スポーツ界の紛争の特殊性（団体内部での紛争処理）

自律的団体内部の紛争？

スポーツに関する紛争はなかなか一般の法的問題とされることがなかったというのは、日本に限った特殊な問題というわけではない。そもそもの現代法学の基本的認識（特に日本法に明治以降最も強く影響を及ぼしているドイツの法学理論）からすれば、一定の地域における秩序を維持し、安全を確保する権力を問題とする公的領域と、一般市民の生活する私的領域とが区別され、スポーツは後者の領域に含まれると考えると同時に、宗教や道徳と同じように独自の法則に基づいて運営される活動として法が立ち入らないとの原則が妥当すると考えられていた。要するに、私的自治の原則の下に、スポーツを統括する団体に活動主体である選手は吸収され、そこで発生するもめ事・紛争は自律性を持った団体の内部問題であり、一般の市民法が介入し得る領域・問題ではないと考えられていたのである。憲法学においてはそれを部分社会の法理と呼び、一般市民社会の中で形成される自律性を持った団体内部の問題は、部分社会の内部問題として一般市民法が立ち入らない領域であり、したがって法を司り、一般市民社会の法的紛争を解決することを任務とする裁判所は立ち入れない領域と考えられていたのである。そこでは、団体の自律権に基づく自律的判断で紛争は解決されると考えられていた。そこには、スポーツは市民法とは異なる固有法によって運営され、そのスポーツ固有法について公的機関は立ち入らないと考えられていたのである。

一体いくらの年棒・報酬が妥当か？

プロ選手にとって、球団・クラブから支払われる年棒・報酬は、自己の従事する活動の対価と考えられ、かつ生計を立てていくうえで最も重要なものということができる。プロ野球の場合、シーズンオフのニュースとして最も頻繁に興味深く報道されるのが、各球団の主力選手の契約更改における次年度の年棒になる。ここではそのシーズンにどの程度活躍し、チームの勝利にどの程度貢献したかで次年度の年棒が決定されるが、当然のことながら選手契約においてそれが唯一選手と球団間の話し合いで決めることのできる事項であるので両者間の意見の食い違いによる紛争発生の可能性が生じることになる。例えば、選手本人はチームの勝利に大きく貢献したと思っていても球団の評価は低く、選手自身が自己の活躍に見合うだけの額が年棒に反映されていないと思うような場合、適正な額の年棒はどのぐらいなのか、一般的な民法や労働法を適用することで算定することは困難になる。さらに、同じ程度の活躍をしているのに、一定のキャリアのある選手の方が自分よりも年棒が高いと感じられ、そこに不公平があるのではないかと球団の査定に不満を抱くような場合、また、自分の方が成績がいいのに、成績の悪い人気選手は年棒の額が自分よりも高いと考えるような場合、ここでも適正な額とはいくらになるのかは一般の法律に照らして判定することができない。まさにここに、特定のスポーツ種目の固有の法が作用する場面があるということになる。

選手の障害補償　年棒・報酬の場面で球団・クラブのいいなりになってしまうような立場の弱いスポーツ選手について、もしスポーツ活動によって怪我をし、競技に参加できなくなればどうなるのであろうか。スポーツが肉体的・身体的活動であることから、このようなスポーツ活動中のけがというものは避けて通れない問題になる。それを選手の肉体的トレーニングの不足として、選手個人に責任を負わすことでよいのであろうか。特にプロ選手の場合、怪我によってプレー続行を断念せざるを得ないようなことになれば、それは、当該選手のライフプランにも関わる重大問題にもなる。そこで、プロ選手契約に際して、その地位を保護するために、一定の補償措置が定められることになる。例えば、プロ野球の場合には統一契約書一〇条、一一条において怪我をした場合の治療費や障害補償が定められている。サッカーの場合は、JFAに医学委員会が設置され、それが、日本サッカー協会に属する選手・指導者・審判の健康管理、メディカルチェック、障害予防と治療、サッカー現場での救急処置といった医学面でのサポートを行うこととしている。そのうえで、選手契約において治療費負担や補償が定められることになる（A、B、C契約すべてのプロ・サッカー選手契約書七条でその内容が規定されている（契約については第一〇章3参照））。但しこの場合でも、どこまでが契約によるスポーツ活動に従事しているものと考えられるのかで紛争が発生する可能性がある。

各団体が紛争処理手続を定める

このような問題の解決のために、また、選手と球団・クラブの間の問題だけでなく、球団やクラブ相互の間での、あるいは上部団体と下部組織との間での紛争を処理することも必要とされることから、プロ野球もサッカーも、スポーツ基本法の努力義務に対応して、団体内部で独自の紛争処理手続を設けることになる。プロ野球の場合、協約第二〇章の表題を「提訴」とし、一八八条で「関係団体等は、コミッショナーに、あらゆる紛争につき裁定を求める提訴をすることができる」としている。そして、コミッショナーは、協約第五章の二に定める「調査委員会」に事情を聴取、裁定させ、この調査委員会の裁定に基づき、紛争に関する裁決を行うことになる。この調査委員会は、コミッショナーによって任命された原則三名の委員によって構成され、コミッショナーの委嘱により関係団体等から提訴された紛争についての調査を行い、裁定を下す（協約二五条、二六条）日本プロ野球組織の諮問機関とされている（同四条）。そして、紛争解決のためのコミッショナーの裁定は最終決定であって、日本プロ野球組織に属するすべての団体および関係する個人はこれに従わなければならないとされている（同八条三項）。ＪＦＡの場合、定款第一一章の表題を「司法機関」とし、規律委員会（競技および競技会に関する紛争についての調査、審議、懲罰の決定）、裁定委員会（競技および競技会に関するもの以外の紛争に関する紛争についての調査、審議、懲罰の決定）、不服申立委員会（規律委員会、裁定委員会、都道府県協会等の司法機関において決定された懲罰に関して、当事者からの不服申立に基づき、これを再審議し、新たに決定を下す）を設置して、その組織・運営については理事会の定める規程によるとしている（定款四一条）。なお、このＪＦＡの司法機関は、前記の通りＦＩＦＡの要請をうけて、ＪＦＡの役員、理事会、その他あらゆる個人および団体からの干渉を受けることなしに、それらから独立して、懲罰に関する決定を単独で行う（司法機関組織運営規則一五条）ものとして、その独立性が規定されている。また、ＪＦＡ基本規則九条一項は、「加盟団体、加盟チーム、選手等、仲介人及びライセンスを付与された試合エージェントとの間での紛争を解決するために、スイスのローザンヌに本部のある独立したＣＡＳを承認する」として、スポーツ仲裁裁判所（ＣＡＳ）による紛争解決をも承認している。ただ、ＪＦＡによって下された最終決定に対する不服申立は、当該決定の通知から二一日以内にＣＡＳに提起しなければならず（基本規則一〇条一項）、そのＣＡＳへの不服申立の提起は、すべての他の内部の手続が使い尽くされた後にのみ、ＣＡＳに対してすることができる（同規則一〇条二項）とされている。したがって、まずはＪＦＡの司法機関で紛争解決を目指さなければならないのであった。これは、基本規則七条一項で、ＪＦＡが「サッカーに関連した国内的紛争事案

（加盟団体、加盟チーム、選手等及びライセンスを付与された試合エージェント間に生じた紛争）に関する管轄権を有する」とされていることからくる当然の帰結と考えられている。

3　スポーツでの紛争処理において重要となる裁判外紛争解決手続

スポーツ仲裁裁判所（CAS）とは

ＪＦＡによって紛争解決の方法として承認されているスポーツ仲裁裁判所（ＣＡＳ）とは、スポーツ固有法の存在からスポーツで発生した紛争を一般社会の公的な裁判所ではなくスポーツ界自身が裁定するために、一九八四年にＩＯＣによって設立された仲裁機関である。要するに、当事者間の合意に基づき、第三者の判断による紛争解決を行う手続としての仲裁手続によって、スポーツで起きたトラブルを、裁判所ではなく、スポーツ界の枠内での解決を目的としてＩＯＣにより設置されたもので、その組織は一審制になっている。したがって、そこで取り扱われるものは、ＩＯＣをはじめとする各国オリンピック委員会に加盟する各種競技団体内部でのスポーツに関する紛争であり、また裁判所という名称が使われているが、スポーツに関する紛争は一般的な市民法を適用して裁定することが難しいものが多いことから仲裁という手続で解決を図る機関となっている。しかし、いかに仲裁といってもＩＯＣの付属機関ではなく第三者機関としての独立性が必要との判断から、一九九四年にはスポーツ仲裁国際理事会（the International Council of Arbitration for Sport：ＩＣＡＳ）が設立され、ＣＡＳもそれによって運営されるようになったことで現在はＩＯＣから独立した機関になっている。本部はスイス・ローザンヌに置かれ、スポーツに知識のある法律専門家で構成されている。ＣＡＳでは、主にドーピングを巡る裁定、競技結果の判定、出場資格の認定等に関する紛争の仲裁を行っており、日本からこれまでＣＡＳに提訴された事案として有名なものは、二〇〇〇年の第二七回オリンピック・シドニー大会に際しての日本水泳連盟の代表選考基準の不明確さが争われた事件や、二〇〇八年のＪリーグからのドーピング違反による出場停止処分の取消が求められた事案などがある。

日本国内のスポーツ仲裁機関

ＩＯＣによるＣＡＳの設置をうけて、日本国内でもスポーツ仲裁のための機関が必要ではないかとの議論が一九九〇年代に巻き起こる。特に、オリンピックへの代表選手選考においてマスコミでもしばしば問題が指摘されるようになり、日本オリンピック委員会（ＪＯＣ）がスポーツに関する紛争解決のための機関の設置が必要ではないかと認識し、一九九九年、ＪＯＣはスポーツでの紛争解決のための機関の設置を目的として「スポーツ仲裁研究会」を設置し、議論・検討を始めた。その結果、二〇〇三年四月、ＪＯＣは、日本においてスポーツに関する紛争の解決を行う機関として日本スポーツ仲裁機構（ＪＳＡＡ）を設置する。このＪＳＡＡは、二〇〇九年に一般財団法人として法人格を取得し、その後法人法の改正により二〇一三年四月からは公益財団法人となっている。そして、ＪＳＡＡは、スポーツに関する法およびルールの透明性を高め、個々の競技者等と競技団体等との間の紛争の仲裁または調停による解決を通じて、スポーツの健全な振興を図ることを目的に活動を続けているとされる（ＪＳＡＡのホームページ）。このＪＳＡＡの会員としては、ＪＯＣ、日本スポーツ協会、日本障がい者スポーツ協会、ＪＡＤＡ、日本女子プロゴルフ協会であり、紛争解決としては、それらの団体に加盟している団体におけるスポーツ紛争に対する仲裁を行っている。ここでの仲裁は大きく分けて三つの類型になり、それらは一般の訴訟形式に準じて行政訴訟型（スポーツ団体による競技者等への処分の取消をめぐる仲裁）、民事訴訟型（スポーツに関する紛争一般についての解決型）、刑事裁判型（ドーピング紛争に関するスポーツ仲裁（ＪＡＤＡの制裁決定に対する不服審査））とされている。

仲裁以外の紛争解決手段

最終的な結論としての裁定を下す仲裁もスポーツに関する紛争解決手段としては重要であるが、当事者間の合意に基づく和解という形で解決される方が、後々当事者間でのわだかまりが残りにくいといえる。そこで、ＪＳＡＡは、仲裁手続だけでなく、公正中立な専門家による助言等が行われ、当事者間で円満な和解に迅速に到るようにあっせんするスポーツ調停の手続も準備している。このスポーツ調停は、当事者が和解を求めて話し合いをする手続であるため、調停を利用した和解の実現が可能であると思われる紛争が主な対象として取り上げられ、そのために、審判の判定や選手・クラブに対する懲戒処分決定については、事実の確認を行う場合を除いては調停の対象外とされている。なお、このスポーツに関する紛争の仲裁、調停を行うJSAAは、二〇〇七年、「裁判外紛争解決手続の利用の促進に関する法律（通称ADR法）」に基づくADR機関としての認証を受けている。これは民間機関としては初めてのもので、JSAAは日本初の民間ADR機関とされたのであった。ただ、この調停を有効かつ迅速に行うためには事前に和解をすることについての当事者間の合意というものが存在している必要があり、そのためにJSAAは、スポーツ団体にその規則の中に調停に関する自動応諾合意の規定を設けておいてもらいたいとの要望を出しているが、それを規定している団体規則はまだ少ない。そのために、スポーツ調停の申立をする際には当事者間で調停によって和解をすることについての合意を行うことが必要とされている。

弁護士会にもある紛争解決手段

JSAAは、その所在が東京であるために、地方で発生するスポーツ紛争の仲裁や調停を申し立てるためには当事者は上京しなければならない。そのために、首都圏で発生するスポーツに関する紛争の場合はJSAAのスポーツ仲裁や調停の手続を用いることにしても、それほど大きな時間的負担が発生するわけではない。

但し、その他の地域で発生するスポーツに関する紛争の解決を求めてＪＳＡＡのスポーツ仲裁か調停を利用するとなると、いちいち東京まで出向いていかなければならないという負担が当事者に発生する。すると、せっかく簡易・迅速な紛争解決手段として存在しているスポーツ仲裁や調停が、その本来の利点を生かすことができなくなる可能性も出てくる。そこで、ＪＳＡＡに代わる類似の制度が必要とされる。それが弁護士会によるＡＤＲになる。弁護士会は、各都道府県に置かれているので、弁護士会ＡＤＲを用いれば、ＪＳＡＡにわざわざ出向かなくてもスポーツに関する紛争解決を目指すことができる。そして一般に、弁護士会ＡＤＲは、あらゆる民事上の紛争を対象にしていることから、スポーツに関する紛争も対象として取り上げてもらうことができるといわれている。ただ、現実にはやはりスポーツの専門機関ではないことからか、弁護士会ＡＤＲに持ち込まれたスポーツ紛争の数は少ないといわれている。

表面化するスポーツ紛争の少なさ

日本では、スポーツに関する紛争があまり表に出てこないという傾向がみられる。もちろんそれは、ニュースバリューがないから報道されないために一般市民の目に触れないだけかもしれない。しかし、ＪＳＡＡの報告でもスポーツ調停は二〇〇七年から二〇一三年までの期間でたった三件しかなく、二〇〇三年から二〇一〇年までの期間でスポーツ仲裁は五六件とされているにすぎない。これは、競技団体内部に吸収されてしまう中間団体や選手・競技者の弱い立場を典型的に示しているといえるのではないだろうか。しかし、紛争によって生じる権利・利益侵害の救済、競技者の権利・利益の保護を求める権利は、まさに法的に重要なものと認められる可能性がある。ＪＳＡＡや弁護士会ＡＤＲ、あるいはＣＡＳの利用といった救済は最後の手段となる。むしろ公正で適格性を備え、スポーツ競技を実施する責任主体としてのスポーツ統括団体は、内部で自律的に適正な紛争解決・救済手続を備えていなければならないといえる。そして、それが有効に機能しているか否かは、まさにスポーツ団体内部のガバナンスの適正さを示すメルクマール・バロメーターになるのではないだろうか。

第一二章　日本のスポーツの現状認識
――オリンピック、プロ野球、Ｊリーグやその他

1　混沌とする日本のスポーツ事情
――第三二回オリンピック・東京大会はどうなる？

二〇二〇年のコロナ感染症

本当ならば二〇二〇年七月二四日には、待ちに待った第三二回オリンピック・東京大会が開催されるはずであった。ただ、開催以前にも突然ＩＯＣからの要請でマラソン競技の開催場所が東京から急遽北海道の札幌に変更があったり、開催都市である東京都とオリンピック・パラリンピック推進本部の主体である内閣・日本政府、その推進本部主導で組織化された公益財団法人東京オリンピック・パラリンピック競技大会組織委員会との間で様々な齟齬があり、ガバナンスの曖昧さが指摘されるところではあったが、それ以上に予定外だったのは、まさに開催年の二〇二〇年一月末から本格化する世界規

模での新型コロナウイルス感染症（COVID-19）の脅威により、大会開催が一年間延期されたことであった。オリンピック競技大会の開催日程はＩＯＣ理事会が定めることになっている（オリンピック憲章第五章Ｉ三二項目の三の規定参照）が、二〇二一年四月になってもコロナ禍はおさまっておらず、オリンピック発生の地であるヨーロッパでは代表選手の選考会も開催できないような状況は続いている。それにもかかわらず、開催都市・東京都の見解ではなく、内閣・日本政府は、言葉の上ではアスリートの気持ちに配慮しているような言動を用いて、参加可能な国・地域の選手のみを対象とし、外国人の観戦者の入国を認めないかたちでオリンピック・パラリンピック大会の開催を強行しそうな発言を繰り返すばかりの状態になっている。しかし、ＩＯＣから大会開催の委託を受けて、ＩＯＣと契約を締結するのは開催都市の自治体であり、その自治体が主体となって組織委員会が設置されるはず（オリンピック憲章第五章「オリンピック競技大会」三六項）が、なぜか第三二回大会は日本国が主催するかのような様相の下で展開されているという奇妙な構造の組織体制になっている。

相次ぐ予期せぬ事態

そのような状況の中で、東京オリンピック・パラリンピック競技大会組織委員会の前委員長が、オリンピック憲章に規定されるオリンピズムの精神に反するような発言から辞任に追い込まれ、さらにオリンピック・パラリンピック担当大臣に新たに就任した人物による、これもオリンピズムの精神に反するような政治活動（地方議会への圧力ともとれるような活動）により、様々な物議をかもしている。そのために、オリンピックを「支えて」もらうはずのボランティアや聖火リレー・ランナー候補者の辞退が相次ぎ、いったい今後、第三二回オリンピック大会はどうなるのかについての予断を許さない状態は続いている。「何が何でも開催する」のか、その際に現在先行きが全くみえず、予断を許さないコロナ感染症対策はどうするのか、推進本部の長である内閣総理大臣と、組織委員会の委員長、開催都市・東京都の知事との間でどのような話し合いが行われ、大会主催権限を持つIOCとの間でどのような調整が行われているのかについての情報はほとんどないような状況で、本当に政治から中立的なアスリートのための全世界規模でのスポーツの祭典が実施できるのかどうか、実施したとして開催国、あるいは開催都市・東京都の市民の方々の納得の上での協力が得られ、出場するアスリートに気持ちよく全力で大会に参加してもらうことができるのだろうか。

スポーツ立国戦略の一環としての世界大会

ここで再度、スポーツの世界規模での大会・競技会は一体誰の、何のためのものかを考え直す必要がある。確かに、スポーツには国を豊かにし、強くする潜在的力が潜んでいる。但し、それは経済的な側面だけでなく、人々の精神的ゆとりや遊び心を育てるという側面からのものである点を忘れてはならない。二〇一九年のラグビー・ワールドカップ日本大会で、日本代表チームが世界のトップとなる強豪チームに力負けせず、その結果、にわかにラグビーに注目が集まり、代表チームの選手はテレビ等のメディアへの出演機会も増え、ラグビーシーズンの始まりがファンの期待を受けて首を長くして待たれたような事態を想像すれば、日常あまり注目されていないオリンピック種目で日本代表選手が活躍すれば、同じような効果が期待できると考えることにも一理あるといえる。そこには、一般市民もスポーツを「見る」ことによって関心を高め、当該種目の発展を「支える」ことに寄与するし、若年層は自らもそれを「する」というきっかけになるかもしれず、一定の年齢層の市民も自分の体力の範囲内でそれをしてみようかなという興味を喚起するかもしれない。そのことで、日本という国の国際的プレゼンスが高まっていくという効果も期待できる。本来は、そのような視点で「スポーツ立国」という戦略が検討されたはずなのに、その後の展開では成長戦略としてアベノミクスと呼ばれる経済政策の一部であるかのような内容として、オリンピック・パラリンピック大会が位置づけられるようになっていたのではないだろうか。海外からの観光客としての観戦者が来日できないのであれば、といった議論は、まさに日本の「スポーツ立国」戦略が経済的側面にのみ着目して展開されているような印象を受けてしまう。この点は、辞任した組織委員会の前委員長が、「今開催を中止すれば倍以上の資金が必要」とする発言をしたことがまさにそれを暗示しているように思われる。

もし開催になれば

コロナ下での国際的な人的交流がストップしている状況で、第三二回オリンピック・東京大会が開催されたらどうなるだろうか。前述の通り、代表選手・チームの選考大会も開催できていないような国・地域からの参加はまず見込めない。そのような状況で参加したアスリートたちにメダルを競わせることにどのような意味があるのだろうか。金メダルを獲得しても、アスリートは本当に喜ぶべきことと感じられるのだろうか（個人差はあるかもしれないが金メダルが本当に世界一だと感じられるのだろうか）。むしろ、東京大会のメダルは価値の低いものとして取り扱われるようになる可能性はないのだろうか。ヨーロッパでは、コロナ禍の現状から都市のロック・ダウンが解除されないために二〇二一年の東京大会ではなく、二〇二四年の第三三回オリンピック・パリ大会の開催の可能性が議論されているといわれている。あるいは、二〇二二年二月に開催が予定されている冬季オリンピック・北京大会の可否も論じられている現状では、そしてある種の政治的思惑から経済効果がさほど期待できないことにも鑑みて、第三二回東京大会は中止せざるを得ないようになるかもしれない。二〇二一年は、三・一一の東日本大震災からちょうど一〇年目にあたる。したがって、オリンピック開催で震災からの復興を国際的に印象づけることは日本という国にとって非常に重要なことは理解できる。しかし、福島原発の廃炉作業は遅々として進展しておらず、周辺住民の方々はまだ帰宅できない状態も一方では続いている。そのような状況の、そしてコロナ禍というある種の新たな災害の中で、国際平和や繁栄を謳歌するオリンピック競技大会の開催を強行する必要があるのだろうか。スポーツを文化、教育と融合させ、「努力する喜び、良い模範であることの教育的価値、社会的な責任、さらに普遍的で根本的な倫理規範の尊重を基盤」とする生き方の創造を探求する哲学として表明されている近代オリンピズムの精神は、「人間の尊厳の保持に重きを置く平和な社会の推進を目指すために、人類の調和のとれた発展にスポーツを役立てる」ことを目的にしている（オリンピック憲章「オリンピズムの根本原則」一項および二項）。経済的なあるいは政治的な思惑ではなく、このオリンピズムの精神を考慮に入れて、代表選手として参加を予定しているアスリートに寄り添うように、さらに大会開催を待ち望んでいた市民の感情も勘案して、東京大会の可否を検討してもよいのではないだろうか。そしてもし中止にならなくても、早急に解決すべき問題は山積みになろう（アスリート・関係者、あるいは一般観客は入れなくても海外メディア関係者の入国・滞在は、といった出入国管理上の問題やその移動方法、コロナ禍の中での大会強行で市民に不安を抱かせないようにするにはどうすればよいのか、感染拡大を予防する方策、日本人だけは観客として入場させることの可否や無観客で行う場合のチケットの払い戻しは、など）。それは、一九四〇年の第一二回オリンピック・東京大会のように混乱した状況が発生する可能性を秘めている。第一二回大会は紀元二六〇〇年を記念してのものともいわれているが、立候補の際には一九二三年九月一日の関東大震災からの復興を世界に示すことが謳われていた。どうやら震災からの復興を謳うとオリンピック・東京大会は開催に前途多難な事態が予期せず発生するということになるのかもしれない。

2　スポーツのない日常になった二〇二〇年

「見るスポーツ」が無くなった二〇二〇年の春

二〇二〇年一月末、横浜港に入港予定だったイギリス船籍のクルーズ船「ダイヤモンド・プリンセス」の船内で起きた新型コロナウイルス感染症の集団感染は、日本国内だけでも市民を震撼させる重大な問題を発生させた。まさに未知のウイルスによる感染症は、これまでに予想されていなかったスピードで感染を拡大していき、世界中での広まりから治療法もワクチンもない恐怖に市民は突き落とされた。世界保健機関（ＷＨＯ）によるパンデミック宣言が出されたこともあって、いったい今後世界はどうなるのかということと共に、日本国内でも外出自粛などの措置が叫ばれ、日常生活も不自由になる混乱が発生した。そのような中で、二月、あるいは三月から始まるはずのスポーツの二〇二〇年シーズンは、一時の中断や延期を含め、全く行われないような事態に陥り、桜の開花とともに始まるはずのプロ野球もサッカーもなく、寂しい、静かなシーズンになってしまった。本来ならば夏のオリンピック開催に向けて代表選手選考のための大会開催も予定されていたにもかかわらず、ほとんどすべてが中止になり、そのために二〇二〇年春は、日本国内だけでもスポーツ盛りだくさんの季節となるはずが、スポーツのない気の抜けたような季節を過ごしたのであった。以下では、日本の代表的なスポーツを取り上げてその現状をみてみることにしよう。その中で、再開されたり新たに実施された試合会場でコロナウイルス感染者が出ず、クラスターにならなかったことがとにかく幸いであったということを予め提示しておきたい。

コロナの中のラグビー競技

前年のワールドカップで注目を集めた二〇二〇年の日本のラグビートップリーグは、注目されるスポーツ種目の中でリーグ戦がいち早く開始されることから、一月一二日に開幕し、今までにない観客数を動員してスタートした。しかしその後、日本国内でのコロナウイルスの感染拡大を受けて第六節二月二三日の試合を最後に中断し、その後三月に入って二〇二〇年シーズンは全試合中止とする決定が下された。せっかく人気が復活した日本ラグビーもコロナには勝てず、結局一年間、「見る」スポーツとしての活動が止まってしまったのであった。ただ幸いにして、二〇二一年シーズンは、緊急事態宣言が一〇都道府県に発出されていた中で、入場観客者数には制限が設けられたものの二月二〇日から開幕した。ようやくラグビーという競技は限定的ながら「見る」スポーツとしての地位を回復したということができる。なお、トップリーグはシーズン途中中止になったが、学生ラグビーは、多少コロナ禍が落ち着いていた九月開幕ということもあって二〇二〇年度も予定通り開催され、お正月の恒例行事になっているラグビー大学選手権大会は再び猛威を振るいだしたコロナ禍の中でも開催されて、二〇二一年一月一一日、関西大学ラグビーリーグ代表の天理大学が初優勝し、三六シーズンぶりに関西の大学が日本一になったのであった。

コロナ禍の中のプロ野球は？

プロ野球は、二〇二〇年度シーズン、七月末からオリンピック開催が予定されていたことから開催日程が変則的なものとして三月二〇日に開幕されるはずであった。そのために、当初は順調に二月一日からのスプリング・キャンプが行われていたが、感染拡大に伴い、三月中のシーズン開幕前のオープン戦は無観客で一部実施された。二〇二〇年三月二日には、翌三月三日付けで公益社団法人日本プロサッカーリーグ（Jリーグ）と「新型コロナウイルス対策連絡会議」を設置し、専門家チームを置くことを発表し、会見した（そこではコロナ対策の基本指針や試合開催の指針などが共同で検討された）。そこで、通常のシーズン開幕は延期決定がなされ、その後三月末には阪神タイガースの選手がコロナウイルスに感染したことが発表され、結局、シーズンの開幕は六月一九日に延期になったのであった。但し、試合は無観客で行われることとされ（但し、七月一〇日からは上限五〇〇〇人、八月一日からは球場収容人数の五〇％以下の観客を受け入れるようになる）、例年七月に行われていたオールスターゲームは中止とされた。また、シーズンの試合数は通常一四三試合から二〇二〇年度だけは一二〇試合とし、セ・パの交流戦も行われなかった。その中で、シーズン中も関係者にコロナウイルス感染者が出れば、当該チームの試合は中止としたり、検査結果を受けて実施の可否を判断するなどの措置がとられた。新人選手選択会議（ドラフト会議）は異例のシーズン中（一〇月二六日と開催時期は例年通り）に実施され、日本シリーズは一一月二一日に開幕することとされ（一一月二五日終了）、通常の場合はオフシーズンに入っている時期まで試合を継続しなければならないようなシーズンになった。パ・リーグは二位チームと優勝チームでのクライマックスシリーズを実施したが、セ・リーグは行わなかった（セ・リーグはドーム球場をホーム球場とするチームが少なく、試合の順延で一二〇試合をすべて消化できるか否か不安があったことが理由とされている）。結局、二〇二〇年シーズンは非常に変則的な形で実施されたのであるが、無観客あるいは観客制限人数での試合実施になったために、総観客動員数は、激減し、「見る」スポーツとしてのプロ野球はほとんど機能しなくなってしまった（セ・リーグで約二七五万人、パ・リーグで約二〇六万人と、ほぼ前年の八割減になっている）。観客が受け入れられるようになっても球場での応援方法は、大声を出しての応援やジェット風船も禁止され、例年にないスタイルに変更を余儀なくされた（そのために観客動員数が伸びなかったといわれている）。二〇二一年度シーズンは、オリンピックの開催が定かではないが、延期されて実施されることを前提に、七月末から八月半ばまでの間は試合を行わないことといった内容のシーズンの公式戦実施方法が決定されているが、オールスターゲームは実施されること、開幕は三月二六日になることなど、通常通り行われることになっている。実際に、二月のスプリング・キャンプは実施され、シーズン前のオープン戦も行われている（但し、キャンプは無観客で、オープン戦は五〇〇〇人までの観客数制限で実施）。試合は予定通り実施されると思われるが、球場への入場者数については、二〇二〇年度と同じように制限がかかるものと思われるし、球場での応援方法も一定の範囲で規制されることになると考えられる。

高校野球・甲子園大会は春夏共に中止

二〇二〇年度は高校球児たちには非情な年になった。まず、コロナウイルス感染拡大に伴い、三月一一日に春の第九二回選抜高等学校野球大会が中止になった。そこで、選抜大会に出場が決まっていた高校球児たちは夏の第一〇二回全国高等学校野球選手権大会への出場を目指し練習に励むことになるが、無情にも五月二〇日、夏の大会も中止が決定した。春夏の両方の大会が中止になることは、戦争で中断されていた一九四二年から一九四五年までの間以来となるようであるが、夏の大会中止決定は、コロナ第一波のための緊急事態宣言で小中高校の休校が続いていたために大会開催までに夏の代表校が決められない状態になることや、宿泊、長距離移動によるコロナウイルス感染リスクが高まることも懸念されての結果であった。ただ、日本高等学校野球連盟は、この春夏の両方の甲子園大会の中止をうけて、八月一〇日から一七日までの六日間で、第九二回選抜大会に出場が決まっていた三二校を招待して二〇二〇年甲子園高校野球交流試合を開催することを決定し、高校野球の聖地とされる甲子園球場でそれを実施した。これは、各校一試合の対抗試合として合計一六試合を六日間で実施するものであり、優勝を争う大会ではなかった。試合自体は無観客が原則とされ、招待校には感染症対策を講じることを前提に、控え部員、部員の保護者・家族（部員一人につき五人以内）、野球部指導者の家族（一人につき五人以内）、教職員に限って自校の試合の観戦が認められた。なお、この交流試合に招待・参加する高校には、宿泊も試合前日と当日の二泊までとすることや、関東地区以西の招待校についいては、公共交通機関を使用せず、地元のバス会社から独自に借り切ったバス一台で大阪まで移動すること、開会式には開幕試合の二校の選手だけが参加すること等、異例の形で実施された。これは、選抜大会中止の決定の際に日本高等学校野球連盟の関係者が出場予定校の球児に「何とか機会を見付けて甲子園（球場）の土を踏ませてあげたい」と語っていたことの実現となったが、選抜出場校になっていなかった高校の球児には、夏の大会が中止になったこともあって非常に残念な年になった（特に最終学年の三年生球児にとってはそうなってしまった)。また、日本高等学校野球連盟による交流試合とは別に、甲子園球場を本拠地にしているプロ野球・阪神タイガースの選手・監督は、「甲子園の土」を入れたキーホルダーを約四八〇〇〇個作り、全国の高校野球部三年生男女全員に寄贈するという行為で、甲子園大会中止で残念に思っている高校球児を励ましたのであった。なお、オリンピック同様に、二〇二〇年度の高校野球は中止になったが、大会の回数の連続性を維持するために第九二回選抜高等学校野球大会、第一〇二回全国高等学校野球選手権大会は開催中止という記録で処理され、二〇二一年度の高校野球は、春は第九三回選抜高等学校野球大会、夏は第一〇三回全国高等学校野球選手権大会としてそれぞれ実施されることになる。その結果として、第九二回選抜大会に出場が決まっていた三二校は出場数としてその出場回数がカウントされるということになっている。

コロナ禍のJリーグは?

二〇二〇年のJリーグは、コロナウイルス感染拡大が懸念される中で、二月二一日にJ1リーグが開幕し、翌二二日にJ2リーグも開幕したものの、国の専門家会議の意見をうけて二六日開催予定だった二〇二〇JリーグYBCルヴァンカップの試合の開催は延期することにされた。その後、三月一五日までに実施予定だったリーグ公式戦を延期する決定を行ったが、三月三日にNPBと共同で設置した「新型コロナウイルス対策連絡会議」での専門家チームからの助言をうけて、その後も試合実施は延期され、Ｊ１リーグは七月四日に、Ｊ２リーグは六月二七日に再開とすると共に、Ｊ３リーグは六月二七日に開幕すると発表した。このリーグ再開後のしばらくは試合を無観客で行うが、七月一〇日以降は上限を五〇〇〇人とし、八月以後はスタジアムの収容人数の五〇％までとする観客の受入を認めることとした。同時に、二〇二〇年度はＪ２でのＪ１参入プレーオフは行わず、Ｊ１への昇格は自動昇格となる上位二チームだけとすること、Ｊ１からＪ２への降格は行わないこと、Ｊリーグクラブライセンス制度におけるライセンス交付判定および取消判定において、各クラブが二〇一九年度決算および二〇二〇年度決算において当期純損失を計上しもしくは純資産がマイナス（債務超過）となった場合でも、それが、新型コロナウイルスによる影響であると認められる場合には、ライセンス不交付（または取消）の基準となる「三期以上連続で当期純損失を計上した場合」とみなさないことなどの特例措置が決定された。この決定の後、実際に再開されたリーグ戦あるいはカップ戦の試合では、関係者から コロナウイルス感染者が出た場合、試合を中止したり、感染状況に応じて八月以降も無観客で試合を実施したり、状況に応じた制限を加えながらリーグ戦、カップ戦が実施されたのであった。プロ野球の場合、リーグ公式戦で優勝しても、優勝賞金というのはなく、まさに観客動員による入場料収入がプロとしての球団の大きな収入源になるが、Ｊリーグの場合、観客数が減少しても、リーグ戦、カップ戦と共にそこでの成績によって賞金が支払われることになっている（例えば二〇二〇年度シーズンではＪ１リーグ優勝賞金は一億五千万円、二位賞金は六千万円、三位賞金は三千万円、ルヴァンカップは優勝賞金七千五百万円、二位賞金二千五百万円、三位賞金一千万円）。したがって、プロチームとしてのクラブの収入そのものは、試合で選手がしっかりと働くことにより勝敗の結果によって左右されることになる。コロナ禍で観客数に制限が加えられてもその収入源はチームの成績で補うことができるという状況にある。スタジアムに入場できる観客数の制限は、試合に出場している選手にとってはサポーターの声援による励みがないという点での消極的効果が考えられるが、クラブ経営に関しては、プロ野球ほど気にならないのかもしれない。元々「見る」スポーツとしてのサッカーは、スタジアム観戦を中心にしながらも、プロ野球のようにテレビ中継というよりも、クラブによるネット配信などで行われてきたために、その収入が見込めれば大きな痛手にはならなかった。この点は、むしろファン離れを抑制するためにプロ野球球団が見習わなければならない事柄であろう。なお、二〇二一年のＪリーグは、Ｊ１リーグ二〇チーム、Ｊ２リーグ二二チーム、Ｊ３リーグ一五チームと変則的な構成で実施される。また、コロナウイルス感染症拡大の影響から、賞金およびクラブへの分配金については「非常事態」として「競争から共存へ」をモットーに見直しが図られるといわれている。

3　スポーツ立国の参考になるヨーロッパ

スポーツの先進地域としてのヨーロッパ

日本が目指す「スポーツ立国」は、ヨーロッパが先進地域として存在している。日本で急成長を遂げているプロ・サッカーの発祥地はヨーロッパであることはいうまでもない。また、成長戦略の一環として招致を競ったオリンピックも、元々はヨーロッパ発祥のスポーツ競技大会である。さらに、プロ化に際して先行していた野球ではなくドイツ・ヨーロッパのモデルを参考にしたJリーグは、野球では考えられないスピードで日本にも広がり、一定の成長を遂げている。プロ化によって経済的利益のみを追求するのであれば、本当の意味での「スポーツ立国」にはならない。もちろん、経済的側面は無視し得ないが、「スポーツ立国」という考え方は、自分の生活する国・地域が豊かで強くなってほしいという市民の想いが根底にはある。ではどのようにすれば、スポーツを通して国は豊かになり、市民はゆとりある生活を送ることができるようになるのだろうか。それを検討するためには、サッカーやラグビーといった人気スポーツを生み出し、オリンピックという世界規模での平和の祭典というスポーツイベントを考え出したヨーロッパの現状を学ぶ必要があるのではないだろうか。

ヨーロッパのスポーツの特徴は、地域一体となってスポーツを活性化することにある。それは、市民にスポーツへの関心を持たせ、土台からスポーツを強化していくことに尽きる。そのためには、ナショナルチームといった国全体の競技能力を向上させて、国際競争力を強化することが必要になるが、それを実現するには足元からスポーツ活動を活性化するという仕組みづくりが必要とされる。そこで重視されたのが、土台としてのスポーツ競技人口の増加であり、そのためには地域に誰もが参加できるスポーツクラブを創り、そこで誰もがスポーツを楽しめるようにすることになる。これがやがてプロチームのホームタウン制と結びつき、地方でスタジアムを建設し、それをスポーツクラブが利用することで地域活性化を図るという手法になる。そのために、ホームタウンの住民は、ホームタウンのクラブチームを「おらがチーム」と感じるようになり、その強化に協力・参加していくという循環作用を生み出す。まさに地元企業もホームタウンのチーム強化をバックアップすることで税金を使わずに社会の持続可能性を生み出し、ホームタウンとなっている地方の再生を目指すという、まさに「スポーツ立国」の理念を実現する仕組みとして展開されているということができる。日本では、このヨーロッパモデルを考慮に入れてJリーグがその百年構想を打ち立てて、それに賛同するクラブのみがJリーグクラブの資格を得るということになる。

地方再生を可能にするスポーツの仕組み

ダイバーシティ社会の礎となった「女性スポーツ改革」

「スポーツ立国」先進地域のヨーロッパは、スポーツだけに限らず、まさに近代の基本的仕組みである主権・国民国家を生み出した地域でもある。その際に重要な出来事とされているのが一七八九年のフランス革命であり、そこで提示された近代の人権宣言となる。当初の理念としては「自由、平等、友愛」というモットーで革命の精神が提示されていたが、一九世紀までは男性優位の社会的先入観が支配していたことは世界中どこでも同じであった。それが二〇世紀に入りより実質的に変換・拡張され、近代のリベラルデモクラシーという形で結実する。その内容は、いわゆる近代立憲主義の基本原理となる人間の尊厳の尊重、すべての市民の平等、法の支配、少数者の権利保護、自律的個人の尊重という普遍的原理を構成要素として展開される。これが、地域のスポーツクラブへの男女を問わず参加の自由が保障され、男性だけでなく、女性もスポーツを楽しめるようになる環境が整備されることに伴い、女性チームも結成され、女性のスポーツ大会も開催されるようになっていくのである。ここに、日本やアジアのように軍事的な目的からの兵士となる男性の体力強化のためのスポーツという考えではなく、誰もが楽しめるスポーツとしての展開がヨーロッパでは発展する。その結果、社会の多様性に対応する形でスポーツおける多様性も広がっていき、女性アスリートの活躍も注目を集めるようになる。男女の生理学的な違いを承認したうえで、女性アスリートにもスポーツに参加する機

フランクフルト・ヴァルトスタディオン（なでしこジャパンが2011年W杯で優勝した場所）

会を提供・拡大していくことで、まさにスポーツ人口の増加と同時にフェアプレーを基本にするスポーツを模範として健全な社会の構築へとつながっていくのである。なお近年では、男女だけではなく、性的指向による差別の禁止もオリンピック憲章では謳われる（オリンピック憲章「オリンピズムの根本原則」第六項）ようになり、まさにスポーツがダイバーシティ社会の礎として位置づけられるようになっている。

教育ではなく任意活動としてのスポーツの実践

この市民の居住地域におけるスポーツ活動という形態は、日本のような学校教育における体育を中心にしたスポーツという仕組みと根本的に異なる。すなわち、ヨーロッパでのスポーツは、学校教育において強制的に参加させられる肉体的運動とは異なり、自律的個人の特性・興味に応じた自己決定に基づく任意の活動とみなされている。もちろんそこから学校においてスポーツを楽しむという機会がないわけではない。大学というある程度の年齢に達した学生による活動ではあるが、地域のスポーツクラブではなく、一緒に教育研究活動に従事している仲間でクラブを創りスポーツを楽しむという方法も存在している。例えば、オックスフォード大学とケンブリッジ大学の学生によるラグビーやレガッタの対抗戦などを考えれば、日本の大学選手権と同じようなスポーツ活動の仕組みがあることも分かる。ただ、前提として学校での体育という形式から派生した、教育活動の一環としてのクラブ活動ではなく、ヨーロッパでのそれは、あくまで学生の任意の自主的活動としてのクラブを通じてのスポーツ活動となっている。したがって、出発点が自主的な自己決定に基づく活動としてのスポーツであるが故に、それを楽しむ時間的長さが、学校教育を出発点とするものとは異なり、より長くなり充実するといえるのであった。

ＥＵという地域的国家連合体の存在

スポーツの土台として地域を出発点としても、スポーツは、同じ競技を楽しむ他者との競い合いの中で技術を高め、より面白さを感じるようになることから、競技における競争相手が多くなればそれだけ競技に打ち込む気持ち・意気込みも高まる。もちろん競技者として国内で技能を展開するということにも意味があるのはいうまでもないが、技能が高まればより高い技能を有する競技者と競争してみたいという願望が生まれることも事実であり、その競争相手が国内ではなく国外にいるということになればそれとの対戦を希望するようになるのは人間の自然な感情であろう（日本の場合も、一流選手がヨーロッパリーグやアメリカ大リーグへ移籍したいと希望することを想起すればよい）。そして、そのことによって競技能力が高まり、その活躍を通じてスポーツ競技での自国のプレゼンスも高まっていくのである。

ヨーロッパの場合、ほぼ大陸規模で欧州連合（ＥＵ）という超国家的な公的共同体が形成され、その域内ではヒトの自由移動が保障されている。元々ＥＵはヨーロッパの経済統合を目指していただけに、労働者としての人の移動の自由も保障されており、競争秩序の下で統合を進めてきたいきさつから、ＥＵの構成主体であり、加盟国になる国家もまた一つのアクターとして競争に参加する。ここに「スポーツ立国」として近代の主権・国民国家が競い合って国力を高めるという要因が生み出されている。そして、人気のスポーツ競技の多くの発祥地がヨーロッパの国々にあるとするならば、そしてそれを基礎づける法秩序もヨーロッパ起源になるのであれば、スポーツを法的に検討する際にはＥＵを中心にヨーロッパの状況を検討することが必要になってくる。

以上のことから、日本の状況を本第Ⅰ巻で検討したことをうけて、姉妹編である『スポーツを法的に考えるⅡ――ヨーロッパ・サッカーとＥＵ法』では、スポーツ、特にサッカーを基盤にした地域連合体としてのＥＵの状況を考えてみることにする。

◇本書執筆に際しての参考資料

〈ホームページ〉

・スポーツ立国やスポーツ基本計画については、文部科学省のホームページ
https://www.mext.go.jp/a_menu/sports/rikkoku/1297182.htm
https://www.mext.go.jp/a_menu/sports/plan/
・第二期スポーツ基本計画については、スポーツ庁のホームページ
https://www.mext.go.jp/sports/b_menu/sports/mcatetop01/list/1372413.htm
・オリンピック憲章については、日本オリンピック委員会のホームページ
https://www.joc.or.jp/olympism/charter/pdf/olympiccharter2019.pdf
・NPB定款
https://npb.jp/organization/
・日本プロフェッショナル野球協約や統一契約書などについては、日本プロ野球選手会のホームページ
http://jpbpa.net/system/contract.html

・ＪＦＡやＪリーグの規約については、それぞれのホームページ
https://www.jfa.jp/about_jfa/policy_rule/
https://www.jleague.jp/aboutj/regulation/

〈文　献〉

・神谷宗之介『スポーツ法』（三省堂、二〇〇五年）
・道垣内正人・早川吉尚編著『スポーツ法への招待』（ミネルヴァ書房、二〇一一年）
・日本スポーツ法学会編『詳解　スポーツ基本法』（成文堂、二〇一一年）
・千葉正士『スポーツ法学序説』（信山社、二〇〇一年）
・大村敦志『ルールはなぜあるのだろう――スポーツから法を考える』（岩波ジュニア新書、二〇〇八年）
・日本オリンピック協会（監修）『近代オリンピック一〇〇年の歩み』（ベースボール・マガジン社、一九九四年）
・小川勝『オリンピックと商業主義』（集英社、二〇一二年）
・吹浦忠正『オリンピック一〇一の謎』（新潮社、二〇一八年）
・安田秀一『スポーツ立国論』（東洋経済新聞社、二〇二〇年）

・玉木正之『今こそ「スポーツとは何か」を考えてみよう』（春陽堂書店、二〇二〇年）
・佐藤隆夫『プロ野球協約論』（一粒社、一九八二年）
・日本蹴球協会編『日本サッカーのあゆみ』（講談社、一九七四年）
・財団法人日本サッカー協会七五年史編集委員会『日本サッカー協会七五年史』（ベースボール・マガジン社、一九九六年）
・井上典之「日本の歴史小説に見る『国家』像」神戸法学雑誌七十巻四号（二〇二一年）

―――

・初出（但し、大幅に加筆・修正あり）

序　書斎の窓六二六号二頁（二〇一三年）

〈著者紹介〉
井上　典之（いのうえ　のりゆき）
神戸大学大学院法学研究科教授。博士(法学)(大阪大学)

大阪府大阪市出身。神戸大学法学部を卒業後、大阪大学大学院法学研究科で法学修士を取得、博士後期課程は単位修得退学。その後、大阪学院大学法学部専任講師、助教授、神戸大学法学部助教授、教授を経て現職。1996年１月に大阪大学より博士(法学)学位取得。2009年から2011年まで神戸大学大学院法学研究科長（法学部長)、2013年から2019年までは神戸大学理事・副学長(国際・内部統制担当)。主要著書として、『司法的人権救済論』（信山社、1992年)、ペーター・ヘーベルレ『基本権論』（編訳、信山社、1993年)、『憲法判例に聞く』（日本評論社、2008年)、『憲法の時間』（編著、有斐閣、2016年)、『ＥＵの揺らぎ』（編著、勁草書房、2018年)、『「憲法上の権利」入門』（編著、法律文化社、2019年）などがある。日本公法学会理事、日本ＥＵ学会理事、国際人権法学会会員。2019年にＥＵ・欧州委員会よりジャン・モネ・チェア（Jean Monnet Chair）の称号を受ける。

信山社新書

スポーツを法的に考えるＩ
――日本のスポーツと法・ガバナンス――

2021(令和３)年６月30日　第１版第１刷発行

©著　者　井　上　典　之
発行者　今　井　貴
　　　　稲　葉　文　子
発行所　㈱　信　山　社
〒113-0033　東京都文京区本郷6-2-102
電話　03(3818)1019　FAX　03(3818)0344

Printed in Japan, 2021　　印刷・製本／藤原印刷株式会社

ISBN 978-4-7972-8106-4 C1231